中国制造业迎来全球新变局
中国制造业转型升级的路径探索
支撑中国制造业高质量发展的生态构建

全球新变局下我国制造业
高质量发展路径研究

徐建伟◎著

Research on the High Quality Development
Path of China's Manufacturing
Industry under the New Global Changes

经济管理出版社
ECONOMY & MANAGEMENT PUBLISHING HOUSE

图书在版编目（CIP）数据

全球新变局下我国制造业高质量发展路径研究/徐建伟著 . —北京：经济管理出版社,2022. 6
ISBN 978-7-5096-8524-2

Ⅰ.①全… Ⅱ.①徐… Ⅲ.①制造工业—产业发展—研究—中国 Ⅳ.①F426. 4

中国版本图书馆 CIP 数据核字（2022）第 099608 号

组稿编辑：谢　妙
责任编辑：申桂萍　谢　妙
责任印制：黄章平
责任校对：蔡晓臻

出版发行：经济管理出版社
　　　　　（北京市海淀区北蜂窝 8 号中雅大厦 A 座 11 层　　100038）
网　　　址：www. E-mp. com. cn
电　　　话：（010）51915602
印　　　刷：唐山玺诚印务有限公司
经　　　销：新华书店
开　　　本：710mm×1000mm/16
印　　　张：11. 75
字　　　数：204 千字
版　　　次：2022 年 6 月第 1 版　　2022 年 6 月第 1 次印刷
书　　　号：ISBN 978-7-5096-8524-2
定　　　价：58. 00 元

前　言

　　制造业是大国经济的"压舱石"，是立国之本、兴国之器、强国之基。从一国经济社会发展来看，制造业的重要性毋庸置疑。首先，制造业是工业文明的主要载体与传播者，是现代化建设的助推器。既有"规模数量"，又有"含金量"的制造业是诸多国家取得经济上的成功并迈向高收入国家的关键。我国要跨越"中等收入陷阱"、全面推进现代化建设，同样离不开制造业高质量发展。其次，制造业生产效率提高快、新技术应用密集，是创新发展的关键依托。皮萨诺等认为，制造业是产业公地的基础，脱离制造业创新将难以为继。① 对于中国这样的大国来说，制造与创新应是协同发展的双臂，共同擎起经济社会的高质量发展。最后，制造业是高质量多层次就业的重要保障。由于就业需求具有多层次性，制造业不仅能够扩大中等收入群体，一些高端和创新人才也在高精尖制造领域找到"用武之地"。在欧美国家，通用、西门子、大众等跨国企业对全球顶尖人才有着强大的吸引力，在日本、韩国，丰田、现代、三星等知名企业也是高校毕业生的优先选择。在国内，华为等创新领军企业正在汇聚越来越多的创新创业人才。

　　从国际上来看，制造业是国家安全的强大基石，也是国际竞争的核心领域。欧美国家之所以具有强大的话语权和影响力，离不开其拥有一大批与制造业紧密相关的关键技术、核心部件、重要材料和重大装备。这些产业规模未必很大，但却是全球价值链治理的核心所在，也是国家竞争力的集中体现。近年来，关系全球产业链和供应链稳定运行的摩擦与争端频发，部分核心零部件及重要材料供应紧张，更凸显了制造业在经济发展和现代产业体系中的重要地位。事实上，在围绕重大技术装备、重要零部件、关键材料等一系列国际经贸争端的背后，归根结

---

　　① 加里·皮萨诺，威利·史. 制造繁荣：美国为什么需要制造业复兴［M］. 机械工业信息研究院战略与规划研究所，译. 北京：机械工业出版社，2014.

底还是制造业控制力高低的问题。当前，在新一轮科技创新加速推进和各国发展战略加快调整的影响下，全球产业链、供应链进入深度调整期，在动力机制、发展型式和分工格局上呈现新变化。我国制造业要实现高质量发展，需要积极应对全球产业链调整在产业领域、合作空间、分工路径等方面带来的深刻影响，顺应产业链、供应链演变的新趋势、新要求，加快形成参与乃至引领国际分工的新优势。

开放一直是我国制造业发展的重要属性。改革开放以来，我国制造业通过融入国际分工体系、嵌入全球产业链获得快速发展，融入全球化带来的增长效应显著促进了制造业的发展和产业体系的建设。当前，我国制造业高质量发展与全球发展格局演变形成交会，由此带来的影响复杂而深刻。本书围绕全球新变局下我国制造业高质量发展路径这一主题，对我国制造业如何实现高质量发展，怎样适应、参与乃至引领全球竞争格局变化进行了深入研究，共分为十一章。

第一章、第二章、第三章、第四章侧重于分析全球新变局，重点分析全球化特别是全球产业链、供应链新变化和国内外制造业发展趋势变化对我国制造业发展的深刻影响。

第一章全球化对我国产业结构升级的影响。笔者通过构建产业结构两次迁移分析框架，分析了经济全球化在技术进步、产业链建设、跨国公司投资、外部市场扩张等方面给我国产业结构升级带来的影响。在分析我国产业结构升级所面临的全球结构失衡、外资撤离回流、外需萎缩转移、新一轮产业革命兴起等新变化的基础上，提出了我国产业结构未来升级的要素调整、市场调整、技术调整、企业调整策略，从而促进我国产业结构升级。

第二章全球产业链的发展现状与演变态势。笔者聚焦技术创新发展和全球经济格局重塑下的产业链分工特征与变化趋势，研究发现以垂直分工、集中布局、"制—服"分离、"工贸"互促为主要特征的全球产业链正在发生深刻变化，逐步向强化自主发展、链条扁平发展、多元弹性布局、寻求产业生态等方向转变。随着传统国际分工合作路径被打破，围绕新要素、新生态的发展竞争加剧，我国参与全球产业链分工的空间被大幅压缩，产业链、供应链不稳、不强风险显现，亟待通过构建创新发展新优势以提高国际分工地位和竞争能级。

第三章全球制造业价值链分工模式变化。笔者通过构建全球价值链分工演变的动力机制，结合大量实际案例分析发现，全球价值链分工呈现不同于以往的新变化，个性化需求、新型生产模式变得越来越重要。倘若我国不加选择地跟从欧美国家的制造业发展路径,可能会陷入新一轮引进发展理念、发展路径和技术设备的追赶陷阱。为此,我国需要立足自身产业发展的基础条件和现实需求,确立具有我国特色的技术进步方向和路径,寻求到人才、机器、信息的最佳匹配,构建不同于发达国家的新型制造体系。

第四章国内外制造业发展特征与趋势比较。笔者通过构建工业化进程中制造业发展的一般分析框架,分析中美两国制造业发展的阶段性差异与竞合关系发现,美国制造业并不具备全面振兴的基础,GDP占比增长主要来自汽车及零部件等少数行业,多数行业占比呈下降态势。中国制造业增长格局具有多样化特征,与居民消费密切相关的消费品行业和部分装备制造业增长优势明显。未来一段时期,中美两国在制造领域的贸易摩擦或将更趋频繁,但短期内难以扭转中美经贸大格局。对于我国而言,更重要的是加快技术、效率和质量变革,从而重塑竞争新优势、重构制造业竞争力。

第五章、第六章、第七章、第八章侧重于研究产业转型升级,选取了装备制造、钢铁、新能源汽车三个典型行业分析差异化的转型路径与政策措施,并对制造业对外投资路径进行了分析。

第五章装备制造业和现代服务业的融合发展路径。笔者对追赶型产业的代表性领域——装备制造业融合发展路径进行了研究,发现我国装备制造业与现代服务业融合度浅、水平低、不均衡等问题突出。推动装备制造业与现代服务业深度融合,需要立足产业特性、顺应发展趋势、聚焦问题制约,推进核心技术"破瓶颈"、工业软件"补短板"、系统集成"强能力"、柔性生产"转方式"、增值服务"拓空间",助力装备制造业转型升级和高质量发展。

第六章基于传统产业升级的城市钢厂发展研究。笔者对我国传统优势产业的代表性领域——钢铁产业转型升级路径进行研究,发现在临海钢铁联合企业保持较强竞争力的同时,部分位于内陆地区的传统钢铁企业因成本上升、资源枯竭而逐渐丧失优势,短流程钢厂则因工艺流程和柔性生产优势而快速崛起。作为我国钢铁产业的重要组成部分,城市钢厂发展的基础条件、竞争优势和生产布局面临深度重构,需要着力构建新型"钢—城"关系,在企业退出搬迁、工艺流程再造、产品技术升级、衔接城市发展等方面做出一系列调整,从而优化钢铁产业布局、提升企业竞争力。

第七章基于新兴产业发展的新能源汽车政策研究。笔者对新兴产业的代表性领域——新能源汽车产业发展政策进行研究,发现新能源汽车在产业特性上与传统汽车产业有很大区别，这对制定产业政策提出了不同要求，甚至对以往惯用的政策手段形成挑战。为此，需要充分考虑追赶型产业与创新型产业的政策诉求差异，总结政策实践中的经验和教训，从而改进和完善包括政策制定机制、放宽市场准入、研发支持方式创新、财税补贴政策调整、产业发展环境建设等在内的新能源汽车政策体系。

第八章我国制造业对外直接投资的类别与路径研究。基于中间国家情景，笔者结合产业优势重构与区域格局重构两个维度，构建产业升级与外生要素整合的协同演进机理，提出制造业对外投资的"产业周期—优势条件—投资指向—投资行为—投资效应"分析框架，并结合企业实际案例对优势领先部门、优势消退部门、平行和劣势部门、相对优势部门对外投资的路径进行分析。研究认为，要根据比较优势差异分类施策引导产业对外直接投资，前提是优化各类产业的国内要素支撑条件，并构建适应不同产业对外投资的开放合作格局。

第九章、第十章、第十一章侧重于构建新时期支撑制造业高质量发展的生态，重点研究构建制造业新生态的背景条件、策略选择，以及优化国内产业链协作等紧迫任务。

第九章工业化后期我国制造业发展机制与型式变化。笔者从工业化进程的一般变化规律出发，提出工业化后期影响我国制造业发展的劳动力刚性支撑作用、技术赋能驱动作用、市场弹性牵引作用和制度生态育成作用。研究认为，在工业化后期，我国制造业发展型式将呈现与之前不同的阶段性变化，在结构变化、分工位势、发展路径、融合形态等发展型式上将发生深刻变化和调整，并从要素维度、产业维度、区域维度等不同视角提出了制造业转型发展的策略和建议。

第十章我国优化制造业生态的策略选择。笔者从产业的技术、产品、要素、市场和政策的内在与普遍联系出发，研究制造业生态的组成与作用机制，认为制造业发展是个系统工程，需要有机而非割裂、全面而非零散、动态而非静态地研究制造业生态问题。笔者在比较分析全球制造业生态主要类型的基础上，深入研究我国制造业生态的条件变化与主要问题，提出在新阶段优化我国制造业生态的策略选择，有助于更好地认识和推动制造业高质量发展。

第十一章增强产业链自主可控能力研究。笔者对我国产业链运行的内外形势变化进行了深刻研究，发现制造业是我国在国际竞争中最具优势的部门，也是面临外部风险和挑战最多的领域。当前全球竞争格局变化导致制造业发展中的薄弱点、风险点日益凸显，带来了成本上升、链条断裂、升级受阻等一系列问题。增强产业链、供应链自主可控能力已经成为经济稳定和制造业高质量发展的紧迫任务，亟待找准路径、加大支持，尽快扭转关键环节和领域频频"卡脖子"的严峻形势。

总体来说，全球分工格局调整和新一轮科技革命兴起给制造业发展带来了复杂、深刻的影响，其中一些研究命题是既往的产业经济学理论和研究范式难以解答的，需要产业经济学学者顺势而为，做出新的研究探索。笔者的相关研究也是基于这一出发点而展开的，期望能够对中国这样一个发展中大国的工业化和制造业发展道路有些新的认识和见解。但是，由于全球发展格局尚在变化演进之中，我国制造业高质量发展的路径也在探索之中，时代变迁、科技突破、大国崛起等因素交织叠加，进一步增加了命题的复杂性、提高了研究的难度。由于研究水平所限，本书未尽之处众多，不足之处也在所难免，恳请产业经济学同仁和各位读者指正！

目　录

第一章　全球化对我国产业结构
升级的影响①

经济全球化对我国产业结构演变有着重大而深刻的影响，分析全球化在不同形势、不同阶段所带来的影响有着重要意义。笔者通过构建产业结构两次迁移分析框架，分析经济全球化在技术进步、产业链建设、跨国公司投资、外部市场扩张等方面给我国产业结构升级带来的影响，得出了一些新的认识和发现。在分析我国产业结构升级所面临的全球结构失衡、外资撤离与回流、外需萎缩与转移、新一轮产业革命兴起等挑战和机遇的基础上，提出了我国产业结构未来升级的要素调整、市场调整、技术调整、企业调整思路，以促进我国产业结构顺利实现升级。

一、经济全球化条件下我国产业结构的演变历程

相较于封闭条件下的产业结构演进，全球化进程的全面、深入推进给一国产业结构变化带来了深刻的影响，最主要的表现是外国直接投资、跨国公司、技术贸易、最终产品及中间产品进出口成为一国产业结构演变中的重要因素。来自一国外部的这些因素使一国产业结构变化可能建立在外部资源要素条件之上，还可能形成以外部需求为导向的产业发展模式，这在一定程度上打破了一国产业结构的完整性和协调性。当国内产业部门不再依赖于其他部门而生存和发展时，各个部门之间的比重便不再构成彼此依存的整体，② 就会出现产业结

---

① 徐建伟. 当前我国产业结构升级的外部影响及对策 [J]. 经济纵横，2014 (6)：56-62.
② 陈英. 经济全球化中的后工业经济"解构"——对产业结构"升级论"的后现代主义挑战 [J]. 经济学动态，2008 (2)：30-34.

构的迁移。这里所说的产业结构迁移，是指产业结构由于外部因素的作用，相对于维持结构自身的完整性、系统性和协调性而偏离的程度。结构迁移表现为一国要素结构、生产结构、消费结构、出口结构之间的非对称程度，最主要的是要素结构与生产结构、生产结构与消费结构、生产结构与出口结构之间的迁移程度。对于发展中国家来说，全球化影响一国产业结构最突出的表现是可能发生两次结构迁移（见图 1-1），即外资与出口增长驱动下的结构迁移和分工锁定格局下的结构迁移。

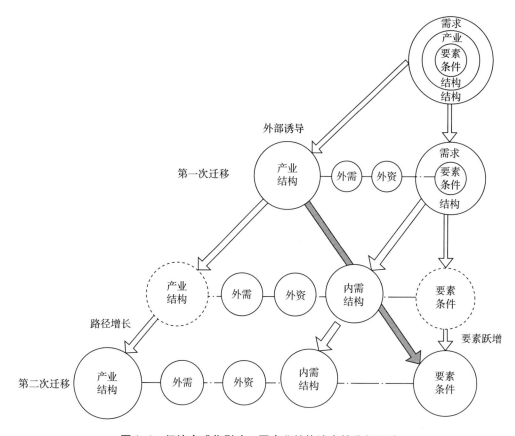

图 1-1 经济全球化影响一国产业结构演变的分析思路

注：虚线圆圈表示理论中的状态，现实中并未达到。

资料来源：笔者自绘。

（一）第一次结构迁移——外资与出口驱动下的结构演变

在改革开放之前，我国经济建设和产业发展基本建立在自有资源要素条件之上，发展建设的目的是根据我国经济社会和国防建设的需要来制定的。实行改革开放政策之后，引进外资和对外出口在我国经济发展中的作用越来越突出。这一时期发生的结构迁移主要有两个方面：一是外国直接投资以及技术引进弥补了我国发展中存在的资本和技术缺口；二是外部需求带动的出口增长弥补了我国经济发展内需不足的问题。前者是生产结构与国内要素结构的迁移，是一种结构性迁移，表现为外商投资企业在我国工业经济中的地位迅速上升，其产值占比从1990年的2.3%增长至2003年的35.9%，出口占比从1990年的12.6%提高至2005年的58.3%；后者是出口增长导致的生产结构与国内需求结构的迁移，是一种规模迁移，表现为我国工业品出口总额与工业总产值之比从1978年的4.0%增长至2004年的25.2%。与此对应，社会消费品零售总额与工业总产值之比从1981年的43.5%下降至2006年的25.0%（见图1-2）。

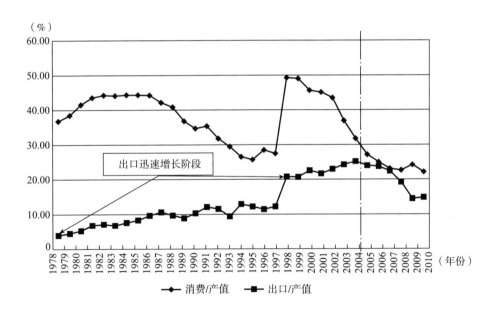

图1-2　我国工业品出口增长与消费增长的比较

注：1990年之前工业品出口额为全部货物出口数据，1990年之后的为工业品出口数据。

资料来源：根据相关年份《中国贸易外经统计年鉴》计算而得。

（二）第二次结构迁移——分工锁定格局下的结构演变

在理想状态下，要素结构、生产结构、需求结构之间的相互作用会引导各种资源要素向着有利于满足和诱发需求结构升级的生产结构流动。但是随着出口导向战略的持续实施，当国际需求成为经济增长中的一个重要变量时，一国生产结构就会向着吻合不断扩大的国际需求结构的方向演变，这种诱导作用会进一步向生产要素领域蔓延。经验分析表明，我国工业发展非但没有向着要素升级的方向演进，反而在低端要素的使用上趋于强化。也就是说，工业发展越来越倚重于一般劳动投入，资本和研发要素在投入结构中的比重趋于下降。在资本—劳动投入结构上，资本偏离度从 2004 年的 0.6 下降至 2011 年的 0.4，在研发人员——一般劳动投入结构上，研发偏离度从 2004 年的 0.4 下降至 2011 年的 0.1（见表 1-1）。[1]

表 1-1　我国工业行业要素偏离度分析

年份	基准值（工业平均）		行业加权值		资本偏离度	研发偏离度
	人均固定资产净值（万元）	每万工业从业人员中科技活动人员（人）	人均固定资产投资（万元）	每万工业从业人员中科技活动人员（人）		
1999	16.2	328.3	18.7	376.7	0.2	0.2
2000	19.2	338.0	23.0	393.3	0.2	0.2
2001	22.5	356.4	26.2	419.1	0.2	0.2
2003	18.4	245.5	23.9	317.5	0.3	0.3
2004	18.4	218.9	30.0	302.5	0.6	0.4
2005	20.8	243.5	31.0	303.6	0.5	0.3
2006	23.0	257.2	34.4	320.4	0.5	0.3
2007	25.2	279.6	38.3	341.0	0.5	0.2
2008	27.8	279.9	41.9	331.6	0.5	0.2
2009	31.5	381.2	45.4	437.7	0.4	0.2
2010	35.1	408.2	51.0	459.3	0.5	0.1
2011	42.1	488.6	60.6	537.4	0.4	0.1

资料来源：根据相关年份《中国统计年鉴》《中国科技统计年鉴》计算而得。

在出口结构与生产结构的对应关系上，内需导向与外需导向共同作用导致我

---

① 设定整个工业的要素投入比例为基准值，以各产业所使用的要素投入比例的加权值与该要素投入比例基准之差，除以要素投入比例基准，来测度生产结构相对于要素禀赋优势的偏离程度［秦琦．开放政策、经济增长和禀赋比较优势［J］．北京大学中国经济研究中心学刊，2000（3）：54-70.］。

国工业领域呈现二元结构，即以满足内需为导向的产业，出口竞争力可能较弱，以满足国际市场需求为导向的产业，出口竞争力较强，从而导致生产结构与出口结构的结构偏离度①较高。结合国外投入产出表的情况来看，2005 年，我国工业出口与生产结构偏离度显著高于韩国，这与不同行业间的增长机制差异有关，有的行业以满足内需为主，如食品、钢铁、石油化工等；有的行业则出口优势明显，如纺织服装、皮革鞋帽、办公机械、电气产品等。此外，由于国际市场的有关信息对于我国企业来说往往是不对称的，从而导致我国工业生产结构会在原有路径下以相比于国际市场需求更大的比例来增长，这可能引发生产结构与出口结构的规模迁移。2003～2011 年，我国规模以上工业产值年均增速为 18.7%，远高于出口交货值 7.4%的平均增速。

在消费结构与生产结构的对应关系上，由于我国消费升级比较缓慢，产品生产在满足消费需求上较为吻合，消费结构与产出结构的迁移程度相比发达国家要低得多。2005 年，我国消费结构与生产结构偏离度为 0.9，低于日本和韩国。这是因为发达国家消费结构中的低端产品往往通过进口来满足国内需求，高端产品则大量出口，因此消费结构与生产结构的偏离度要比发展中国家高。进一步推演至消费结构与出口结构，我国以满足国内中间投入为主的产品，由于其在最终消费和出口中所占比重较低，因此其对消费与出口结构偏离的影响减弱，如钢铁、化工等产品；最终消费比重较大的行业往往是出口比重较高的行业，故而两者迁移较小（见表 1-2）。

表 1-2　2005 年部分国家（地区）结构偏离度比较

国家（地区）	出口—生产偏离度	消费—生产偏离度	出口—消费偏离度
日本	0.7	1.0	1.4
韩国	0.5	1.0	1.2
中国（不包括港澳台地区）	0.7	0.9	0.8

资料来源：根据经济合作与发展组织（OECD）投入产出表计算而得。

---

① 结构偏离度是衡量出口结构与产出结构之间非对称状态的指标，首先对各产业的出口结构比重与产出结构比重求差，然后对其绝对值求和。结构偏离度越大，说明出口结构与产出结构越不对称。其他结构之间的偏离度与之类似。

二、经济全球化影响我国产业结构升级的经验分析

由于先后经历了外资与出口驱动下的产业结构迁移阶段、分工锁定格局下的产业结构迁移阶段，我国产业结构演变的动力机制已经发生深刻变化。在结构升级中理应发挥关键作用的内生因素的影响在弱化，作为外生影响因素的全球化因素的作用则在增强，由此产生了产业结构升级中的技术进步问题、产业链建设问题、企业主体问题和市场导向问题。

（一）技术进步问题——长期依赖技术引进削弱了产业的自主创新能力

长期的技术引进导致我国企业自主创新能力薄弱，而跨国企业的本土化研究在研发资源争夺、市场空间挤压等方面给我国企业带来了挑战。分析发现，我国工业企业技术对外依存度在20世纪90年代较高，以技术引进经费支出为主。2003年以来，科技活动对外依赖度呈波动下降趋势，至2011年已经降至30.2%（见表1-3）。在这一阶段，外资科技活动经费内部支出占我国工业企业科技活动经费支出的比重从2000年的19.1%上升至2010年的26.1%，成为工业科技活动的主导力量。更为严峻的是，外资企业依靠国内科技人才建立起本地化的研发机构，造成了我国科技人才的"境内流失"，对国内企业研发和竞争能力提升形成挤压。相比2005年，2011年在29个工业行业中，有23个行业外商投资及港澳台投资企业的研发人员占比呈提高趋势。目前，外资研发在一些行业已占据主导地位，特别是纺织服装、文教体育用品、通信设备及计算机等行业更为明显，占比都在40%以上。

表1-3　我国工业企业科技活动对外依赖度

年份	技术引进经费支出（亿元）	外资科技活动经费内部支出（亿元）	科技活动经费内部支出（亿元）	科技活动对外依赖度（%）	技术引进经费支出/外资科技活动经费内部支出×100
1995	360.9	—	365.8	49.7	—
1996	322.1	—	384.9	45.6	—
1997	236.5	—	438.4	35.0	—
1998	214.8	85.0	478.7	43.2	252.7

续表

年份	技术引进经费支出（亿元）	外资科技活动经费内部支出（亿元）	科技活动经费内部支出（亿元）	科技活动对外依赖度（%）	技术引进经费支出/外资科技活动经费内部支出×100
1999	207.5	104.4	567.2	40.3	198.8
2000	245.4	157.4	823.7	37.7	155.9
2001	285.9	183.4	977.9	37.1	155.9
2002	372.5	229.1	1164.0	39.2	162.6
2003	405.4	330.1	1467.8	39.3	122.8
2004	367.9	503.0	2002.0	36.8	73.1
2005	296.8	637.1	2543.3	32.9	46.6
2006	320.4	848.2	3175.8	33.4	37.8
2007	452.5	1135.4	4123.7	34.7	39.9
2008	466.9	1537.1	5941.7	31.3	30.4
2009	394.6	866.5	3211.6	35.0	45.5
2010	386.1	1048.3	4015.4	32.6	36.8
2011	449.0	1496.5	5993.8	30.2	30.0

注：①2008年和2011年为规模以上工业企业数据，其余年份为大中型工业企业数据，2009年、2010年和2011年为研发经费内部投入数据。②科技活动对外依赖度＝（技术引进经费支出＋外资科技活动经费内部支出）／（技术引进经费支出＋科技活动经费内部支出）。

资料来源：根据相关年份《中国科技统计年鉴》整理计算而得。

（二）产业链建设问题——全球价值链分工导致关键设备与核心零部件的进口依赖严重

全球价值链分工最显著的特征是中间产品交易规模显著扩大，即发展中国家出口产品中所包含的进口中间投入越来越多，发达国家进口产品中所包含的出口中间投入越来越多。贸易结构的这种变化映射到生产上就表现为一个国家局限于产业链的一个或几个环节，尤其是发展中国家产品生产对于发达国家的关键设备和核心零部件的进口依赖程度越来越高。可以引入垂直专业化指数对一国出口产品所包含的进口中间投入进行测度。① 运用OECD提供的非竞争型投入产出表来

---

① 垂直专业化指数越高，则表明一国产业在参与垂直专业化分工时所创造的国内附加值越少、加工程度越浅。

测度各行业的垂直专业化指数发现，我国垂直专业化程度较高的行业主要是办公用品及计算机制造业，无线电、电视、通讯设备制造业，电气机械及设备制造，医学、光学精密仪器制造业，这些行业的垂直专业化加深速度也是较快的。1995年这四个行业的垂直专业化程度均为0.2，2005年则分别增长至0.5、0.4、0.3和0.3（见表1-4）。垂直专业化程度的加深表明，我国产业链处于高度不完整状态，产业发展对中间产品的进口依赖越来越严重，产业结构由于技术"瓶颈"的制约而陷入低端锁定状态，难以实现转型升级。

表1-4 中国制造业行业垂直专业化指数

行业	1995年	2000年	2005年
食品、饮料制造及烟草加工业	0.1	0.1	0.1
纺织品、皮革、鞋类	0.2	0.1	0.1
木材、木制品	0.1	0.1	0.1
纸浆、纸及纸制品，印刷复制业	0.1	0.2	0.2
石油加工、炼焦及核燃料加工业	0.2	0.2	0.2
化学工业（医药除外）	0.2	0.2	0.2
橡胶及塑料制品业	0.2	0.2	0.1
其他非金属矿物制品业	0.1	0.1	0.1
钢铁业	0.1	0.1	0.3
有色金属	—	0.2	—
金属制品业	0.1	0.1	0.2
一般机械制造业	0.2	0.2	0.2
办公用品及计算机制造业	0.2	0.4	0.5
电气机械及设备制造	0.2	0.2	0.3
无线电、电视、通讯设备制造业	0.2	0.3	0.4
医学、光学精密仪器制造业	0.2	0.2	0.3
汽车及拖车	0.1	0.2	0.2
造船及船舶修理业	0.1	0.2	0.2
铁路及其运输设备	—	0.1	—
其他制造及回收工业	0.1	0.2	0.2

资料来源：根据 OECD 投入产出表计算而得。

（三）企业主体问题——跨国公司扩张削弱了本土企业在结构升级中的主动性

经济全球化在很大程度上是由发达国家跨国企业所主导的，但是跨国公司从自身角度出发进行全球资源配置，未必有利于发展中国家本土产业升级。从宏观经济角度来看，一国经济发展对外资的依赖程度是对产业结构升级主体问题的综合考量，可以通过国内生产总值的外资依存度来测度。分析发现，外国直接投资在我国经济发展中的贡献要远高于世界多数国家，外资净流入占 GDP 的比例从1985 年的 0.5%增长至 2005 年的 4.6%。从 1990~2012 年的平均水平来看，外国直接投资占我国 GDP 的比例为 3.7%，不仅远远高于美国、日本、韩国等发达国家，而且高于巴西、泰国、印度等发展中国家（见表 1-5）。从行业角度来看，外资企业对一个产业的控制程度可以通过外资企业产值占比来反映。外资企业占比较高的行业主要集中在两个领域：一个是劳动密集型制造领域，如皮毛羽绒制品、文教体育用品、纺织服装及鞋帽、塑料制品等；另一个是机械装备制造领域，如通信设备及计算机，仪器仪表及文化、办公用机械，交通运输设备等，其中通信设备及计算机制造业在 2005 年达到最高，为 84.1%，仪器仪表及文化、办公用机械制造业在 2004 年达到最高，为 69.9%。外资企业占比过高不仅使我国产业升级的方向被跨国公司所掌控，而且使我国经济发展在很大程度上是 GDP意义上的，在很小程度上是收入提高和技术进步意义上的。[①]

表 1-5　外国直接投资净流入占 GDP 的比例　　　　单位:%

年份 国家	1980	1985	1990	1995	2000	2005	2010	2012	1990~2012
中国	0.0	0.5	1.0	4.9	3.2	4.6	4.1	3.0	3.7
美国	0.6	0.5	0.8	0.8	3.3	1.1	1.9	1.3	1.5
日本	0.0	0.1	0.1	0.0	0.2	0.1	0.0	0.0	0.1
韩国	0.0	0.2	0.3	0.3	1.7	0.8	0.1	0.4	0.6
巴西	0.8	0.7	0.2	0.6	5.1	1.8	2.5	3.4	2.5
马来西亚	3.8	2.2	5.3	4.7	4.0	2.7	3.7	2.4	3.5
泰国	0.6	0.4	2.9	1.2	2.7	4.6	2.9	2.4	2.9
印度	0.0	0.0	0.1	0.6	0.8	0.9	1.6	0.0	1.3

资料来源：根据世界银行相关数据计算而得。

---

① 张幼文．改革动力的构建与发展结构的优化——对外开放在中国经济发展中的战略地位［J］．学术月刊，2009，41（1）：59-66.

（四）市场导向问题——低端的出口导向发展模式导致升级滞缓

在改革开放后的对外贸易发展中，我国始终将鼓励出口放在首要位置，通过鼓励出口、加工贸易优惠、外资超国民待遇等措施来扩大出口。但是，如果脱离本土市场需求，将国外低端需求（乃至加工贸易）作为产业发展的原动力，可能会降低产业的自我发展能力。由于国外消费文化在世界范围内的引领作用，国内企业对于国际市场和消费者的理解和把握始终处于劣势地位，难以实现对"挑剔客户需求"的有效跟进，从而对产业和产品创新形成重大制约，只能是放弃产业中的前端生产研发环节，去从事发达国家企业外包的生产加工业务，这种模式获取收益的增长空间不大，甚至面临收益被日益压缩的困境。目前，出口在我国部分行业已经具有显著的主导作用，主要集中在劳动密集型产品和部分机械装备领域。其中，出口占比较高的是文教体育用品制造业，通信设备、计算机及其他电子设备制造业，这两个行业在多数年份超过一半的产值来自出口，前者占行业产值比重在 2004 年达到最高，为 68.3%；后者占行业产值比重在 2007 年达到最高，为 67.0%（见表 1-6）。

表 1-6　规模以上工业及部分行业出口交货值占行业产值的比重　　单位:%

行业	2003 年	2004 年	2005 年	2006 年	2007 年	2008 年	2009 年	2010 年	2011 年
规模以上工业	19.1	20.3	19.2	19.3	18.3	16.4	13.3	13.0	11.9
纺织业	29.1	29.4	26.3	24.1	21.3	19.0	16.3	16.2	15.2
纺织服装、鞋、帽制造业	53.1	53.5	46.7	43.7	41.6	34.9	30.1	27.1	23.8
皮革、毛皮、羽毛（绒）及其制品业	54.4	56.6	49.5	46.8	42.2	36.3	30.5	29.3	26.8
家具制造业	46.5	55.6	51.2	46.2	42.6	36.1	28.9	27.3	24.5
文教体育用品制造业	66.2	68.3	63.4	61.3	59.7	55.2	48.2	43.3	43.9
橡胶制品业	20.4	25.6	25.6	25.7	24.7	22.8	18.8	17.8	17.8
塑料制品业	26.1	26.4	25.3	23.7	22.0	20.0	15.6	15.5	13.8
金属制品业	27.2	30.0	26.6	25.4	24.3	20.6	13.3	13.7	12.9
电气机械及器材制造业	24.6	28.1	26.8	25.4	24.5	22.5	18.0	18.4	18.4
通信设备、计算机及其他电子设备制造业	52.2	61.8	59.9	65.3	67.0	66.5	61.1	62.3	58.7
仪器仪表及文化、办公用机械制造业	51.8	54.0	53.1	50.0	46.4	41.8	33.4	32.0	28.7

资料来源：根据相关年份《中国统计年鉴》数据计算而得。

三、全球化格局下我国产业结构升级的战略调整

（一）外资递减形势下的要素调整

由于全球经济形势的变化，海外投资母国对外投资能力下降，全球流动性由繁荣转向萧条，我国跨境资金流动形势正在发生较大转变。当前，我国外资流入已经呈现增速减慢甚至规模下降势头。一方面，与我国要素成本不断攀升相比，一些后起发展中国家的优势条件迅速凸显，致使我国外资利用面临激烈竞争，在劳动密集型产业形成"低端抽底"效应；另一方面，部分技术和资本密集型产业可能趋向于回流欧美本土，这会对驱动我国未来结构升级的潜导产业造成"高端封顶"效应。这与欧美国家实行"再工业化"战略有关。随着机器人、人工智能与数字化制造新技术的大量应用，形成了对高强度劳动投入的替代，从而节省了人工生产与管理的成本费用，这可能会增强欧美国家制造业的发展优势。

在外资撤离与回流母国给我国造成"低端抽底"和"高端封顶"效应的形势下，我国产业结构升级的关键资源要素必须依赖于自身要素基础。据此，在要素领域的调整主要是针对要素结构与生产结构的结构性迁移进行调整，使经济发展和产业升级中的关键要素在更大程度上实现国内供给，受外资制约的"瓶颈"要素需要通过内生培育来突破，已经不再具有比较优势的要素需要更多地整合利用全球资源要素。只有在要素调整的基础上，我国产业发展才能摆脱锁定在价值链低端环节的困境，实现向价值链中高端环节的攀升；我国技术进步才能摆脱对国外技术"重复引进、反复引进"的魔咒，实现自主创新的有力突破；我国企业才能摆脱受困于发达国家跨国公司治理的阴影，建立具有国际竞争力的自主品牌。需要注意的是，所谓要素调整并不是指未来产业发展的要素需求全部通过国内供给来实现，也不是指所有产业发展的要素需求都通过国内供给来实现，而是指传统优势产业升级中的"瓶颈"要素、动态比较优势产业形成中的关键要素要在更大程度上实现国内供给。对比之下，传统优势产业发展中的低端要素可以转由新崛起的发展中国家来供给，高端产业发展中的高端要素可以通过引进、消化吸收和创新相结合的方式来供给。这样才能摆脱过度依赖国内低端要素和国外高端要素的双重困境，进而在要素结构升级的基础上，顺利、有序地实现产业结构升级。

（二）外需紧缩形势下的市场调整

由于世界经济呈现低速增长态势，发达国家消费增长还处于恢复状态，全球需求增长面临诸多困难。次贷危机后，曾为中国制造业快速发展提供支撑作用的国际贸易大好局面可能逆转，这对中国制造业发展的市场空间、出口模式、技术能力等提出了严峻挑战。① 外部市场需求的疲软直接导致我国出口企业订单下滑，出口增长陷入低迷。2012 年，40.5%的受访企业认为当前影响外贸出口最大的因素是国际贸易形势不稳定。② 与此同时，外需转移成为我国外贸增长的重大挑战。在今后相当长的时期内，东盟、印度、中南美洲国家等发展中经济体，将会以更加低廉的成本优势，逐步实现对中国制造的供给替代。③ 以越南为例，自 2007 年以来，越南工业制成品出口增速开始超过我国，2011 年其工业制成品出口增长 34.2%，高于我国 14.1 个百分点。

我国继续实施"出口导向"战略难以为继，未来发展面临的严峻问题，不是要不要扩大内需，而是如何扩大内需，以及如何在扩大内需的过程中顺利地实现产业转型升级和国际竞争力提升。④ 据此，市场调整是针对生产结构与国内需求的结构性迁移、生产结构与国外需求的规模迁移进行调整，使我国产业发展和结构升级的原动力在更大程度上立足于国内需求，使我国企业对于国际市场的开拓和向着获取更多分工利益和贸易利益的方向改进。市场调整的第一个层次是在宏观经济层面，将经济发展从出口导向战略向立足国内市场、积极开拓国际市场的内外兼顾战略适度调整，引导国内企业更多地进行针对我国消费者自身特点的产品创新，引导国内消费者更加青睐本国产品和品牌，实现由进口品牌向自主品牌、由民族品牌向世界品牌的转变。市场调整的第二个层次是在出口领域，调整外贸出口结构，优化出口增长方式。一是在产品结构上从规模扩张、价格竞争向质量提升、非价格竞争转变；二是在地域结构上从以欧美发达国家为主向新兴发展中国家等多元市场转变。这有助于改变我国局限于国际分工低端环节的现象，可以利用我国与新兴发展中国家之间的产业和技术梯度，建立新的国际分工优势。

---

① 胡迟."十二五"以来制造业转型升级：成效、问题与对策 [J].经济研究参考，2012 (57)：3-22+30.

② 李璐.2012 年外贸企业生存现状调查报告 [J].进出口经理人，2012 (9)：49-51.

③ 刘志彪.战略理念与实现机制：中国的第二波经济全球化 [J].学术月刊，2013，45 (1)：88-96.

④ 刘志彪.基于内需的经济全球化：中国分享第二波全球化红利的战略选择 [J].南京大学学报（哲学·人文科学·社会科学版），2012，49 (2)：51-59+159.

（三）分工锁定格局下的技术调整

随着全球产品内分工不断深化，发达国家与发展中国家之间的"中心—外围"分工格局日益强化，各国产业都通过一个或几个产业环节嵌入这一体系，从而加大了各国产业结构调整的难度。在产品内分工模式下，发展中国家的产业发展依赖于发达国家的产品研发和技术创新，发展中国家被锁定在出卖劳动力、消耗资源的生产加工环节。在这种分工格局下，我国产业结构调整面临着技术资源积淀不够、中高端产业环节发展滞后、外需市场萎缩等问题。虽然在以往发展中，我国寄希望于通过技术购买和引进外资的"技术溢出"效应来实现技术和产业升级，但是"以市场换技术"的发展路径存在重大的局限性，市场让出并未换来真正的技术，反而削弱了本土企业的自主创新能力，甚至我国产业自有的技术创新机制都遭到破坏。[①]

摆脱国外技术锁定，解决自主创新问题是我国产业发展中的长期性和根本性问题，这一问题的解决需要我国对原有技术进步路径进行调整。技术调整的要义，一是不盲目、不狂热跟随国外技术潮流，而是向适合我国国情、具有我国特色的技术进步道路回归。我国技术进步要结合我国资源要素条件的变化，鼓励企业更多地创造出能够将技术进步的生产效率与劳动力的成本优势相结合的新技术，将技术的标准化优势与劳动力的手工优势相结合的新技术，将技术逐步升级与劳动素质逐步提高相结合的新技术，从而走出具有我国特色的技术进步之路。二是技术进步的核心力量向我国自身要素资源条件回归。在技术进步的重心上，瞄准产业升级的关键领域和"瓶颈"环节，选择最为急需、最具条件的领域尽快实现核心关键技术的突破。三是充分利用全球要素资源。在开放的全球经济格局中整合各种可以利用的高级要素，包括发达国家的技术、知识和人才等，实行"逆梯度"对外直接投资，在我国企业的整合利用下逐步形成自主的核心竞争力。尤其是要利用国外企业深陷金融危机带来的有利契机，对国外优质企业和优质资源进行战略并购，获取关键设备、核心技术、知名品牌和营销网络等资源，突破我国技术升级的"瓶颈"。

---

① 刘志彪. 基于内需的经济全球化：中国分享第二波全球化红利的战略选择［J］. 南京大学学报（哲学·人文科学·社会科学版），2011，49（2）：51-59+159.

（四） 跨国公司治理格局下的企业调整

衡量一个国家经济是否发达，主要是看这个国家有多少资本雄厚、技术发达、管理先进的一流跨国企业。[①] 跨国公司已经成为与经济全球化相适应的企业微观组织形式并被广泛采用。跨国公司的迅速发展产生了两个重要结果：一是这些企业实力日益强大并对世界经济具有决定性的影响，甚至富可敌国；二是产业国际化程度日益加深，各国的研发生产与经营都只是跨国公司全球价值链中的一个环节。[②] 在这种格局下，一方面增加了中国企业"接入"全球创新网络的机会，另一方面也意味着中国企业将面临技术领先企业更为直接的封锁和抑制，[③] 我国企业要想借助全球化之力促进产业发展和创新升级需要破除更多的外部桎梏和束缚。

企业发展调整是指培育具有全球化经营实力的跨国企业，这是实现产业结构调整的重要保障。首先是要增强我国企业的本土竞争优势。虽然外资企业已经对我国市场进行疯狂蚕食，但我国企业还是具有本土发展的巨大优势，如对我国市场的消费感知、产品研发、市场开拓等都具有外资企业不可比拟的优势，因此可以培育一批具有后发赶超优势、持续创新能力和国内话语权的大型企业集团，这些企业未来将成为国内价值链和全球价值链治理的"链主"企业。其次在全球价值链分工中向中高端环节攀升。在依赖低端加工环节的传统发展模式走到尽头的同时，我国企业在许多产业的技术和资本积淀也达到了相当的深度，具备向价值链中高端环节攀升的可能，可以实现一些关键领域和制约环节的进口替代，沿着一般零部件制造、重要零部件制造、高级组装和核心零部件制造、研发设计、品牌服务的分工阶梯攀升，提高国内企业的增值率。最后是整合全球资源，提高企业国际化经营水平，构建全球价值链。抓住我国企业"走出去"的历史机遇，促进本土优势企业向具有国际竞争力的跨国公司转变，推动国家价值链在全球范围内延伸，形成全球生产网络的治理能力。

---

① 张丽. 经济全球化与中国——基于国际劳动分工与不平等交换的视角 [J]. 世界经济与政治，2008（6）：66-73+5.

② 张幼文. 改革动力的构建与发展结构的优化——对外开放在中国经济发展中的战略地位 [J]. 学术月刊，2009，41（1）：59-66.

③ 中国社会科学院工业经济研究所. 中国工业发展报告2012——"十二五"开局之年的中国工业 [M]. 北京：经济管理出版社，2012.

第二章　全球产业链的发展现状与演变态势

改革开放以来，我国制造业通过融入国际分工体系、嵌入全球产业链获得快速发展，融入全球化带来的增长效应显著促进了制造业发展和产业体系建设。当前，在新一轮科技创新加速推进和各国发展战略加快调整的影响下，全球产业链进入深度调整期，在动力机制、发展型式和分工格局上呈现新变化。我国制造业要实现高质量发展，需要积极应对全球产业链调整在产业领域、合作空间、分工路径等方面带来的深刻影响，顺应产业链演变的新趋势、新要求，加快形成参与乃至引领国际分工的新优势。

一、当前全球产业链分工的主要特征

（一）垂直分工型

产业链垂直分工是当前全球分工的主要类型，大型跨国企业主导的电子信息、汽车装备等产业都属于这一类型。与产业间分工相比，产业链垂直分工的形成源于生产工序的细化，产品生产链条被分割为技术水平和工艺流程不同的多个环节。如芯片生产被细分为 IC 设计、晶圆制造、加工、封装及测试等环节，每个环节的技术、工序和工艺都有显著差别，只有上下游环节贯通集合才可能构成芯片生产的全产业链过程。发达国家凭借科技创新、市场、人才、品牌等优势，牢牢占据着关键核心零部件、研发设计、品牌、售后服务等价值链高端环节，将一般零部件制造、加工组装等低端环节转移到低成本的发展中国家。由于产业垂直分工的细化、深化，企业组织结构也发生了相应变化，发达国家拥有大量链条治理能力强大的链主企业,发展中国家的企业则多以子公司和代工企业的身份嵌入国际分工体系。如我国服装领域的知名代工企业——申洲国际,2020 年营业收入达到 230.3 亿元,耐克、阿迪达斯、优衣库、彪马四大客户为其贡献了超过八成的收入,该企业在长期的国际合作中建立了 NIKE 设计开发中心、Adidas 服装设计中心等专业化代工服务机构。

(二) 布局集中型

全球产业链呈现出在地理空间上聚集分布的特征。主要表现为特定的要素资源条件为某一产业或某一产业链环节的布局发展提供了支撑,进而导致该产业或环节的企业在某一地区大量集聚,从而形成一个完整的、具有根植性的产业发展生态。比如,法国的葡萄酒加工产业集群、新西兰的乳品加工产业集群、美国硅谷地区的高新技术产业集群、日本丰田周边的汽车产业集群,以及我国浙闽地区的轻纺产业集群、珠三角地区的电子信息产业集群、苏南地区的机械装备产业集群等。以苏州集成电路产业为例,拥有以中国科学院苏州纳米所等为代表的一大批科研院所和超过 230 家的企业,引进了数十家世界知名芯片企业,相关从业人员达 4 万人,2020 年实现整体销售收入 625.7 亿元。因此,从占比来看,全球制造业在空间上是高度集中的。我国长期被称为"世界工厂",也是制造业在沿海地区集中布局、"供应买全球、产品卖全球"的结果。2012~2020 年,我国制造业增加值从 16.98 万亿元增长到 26.6 万亿元,占全球的比重由 22.5% 提高到近 30.0%;在 500 种主要工业产品中,有 40% 以上的产品产量为世界第一;① 出口额高达 17.9 万亿元,占全球出口总额的 15.8%,第一大出口国的地位进一步巩固。

(三) 制造业与服务业分离型

在发达国家产业升级过程中,加工制造环节不断向发展中国家转移,产业结构的重心则向服务业转移,尤其是生产性服务业发展优势得以保留并不断强化。在此影响下,全球产业分工呈现"制造业与服务业分离"的发展格局,即发达经济体主要出口服务、进口商品,发展中经济体主要进口服务、出口商品,共同构成全球层面的产业大循环。以美国为例,信息通信、科技研发、金融等服务业

---

① 工业和信息化部. 我国制造业增加值连续 11 年位居世界第一 占全球比重近 30% [EB/OL].
2021-09-13. http://www.cnr.cn/.

领域高度发达，服务贸易顺差高达 2000 亿~3000 亿美元，商品贸易逆差高达 8000 亿~9000 亿美元。① 顺应"制—服"分离发展趋势，发达国家制造业企业向服务环节拓展延伸不断加快，产品服务已经成为企业竞争力和创造利润的重要来源，如 GE 公司、罗尔斯·罗伊斯公司等，产品服务创造的收入约占企业总收入的 2/3。② 中国、东南亚等发展中国家和地区在制造业快速发展的同时，在金融投资、技术引进、研发设计、软件信息等领域高度依赖进口。2020 年，我国货物贸易顺差 5338 亿美元，服务贸易逆差 1453 亿美元，其中，知识密集型服务进口 1395.6 亿美元，占服务进口总额的比重达到 36.6%，增长较快的领域是金融服务，电信、计算机和信息服务，知识产权使用等。③

（四）"工贸"互促型

随着发达国家与发展中国家制造—服务分离的不断深入，以机电、纺织、家电等为重点的终端产品贸易规模不断扩大。同时，随着产业链分工不断加深，原材料、零部件等中间产品需要在参与分工的多个国家间频繁地进口和出口，表现为中间产品贸易的迅猛发展。④ 当前，全球中间产品占全部货物贸易量的比重已经超过一半，中间品贸易将全球产业链、价值链、供应链紧密连接在一起。⑤ 可以说，终端产品和中间产品贸易的快速发展，共同促进了全球贸易的普遍繁荣。一个国家和地区能够在产业上嵌入全球分工体系、在贸易上融入全球市场体系，产业发展和贸易出口相互促进成为经济快速发展的重要支撑条件。比较典型的是，在我国制造业中，2020 年，苏州市实现规模以上工业总产值 34824 亿元，进出口总额达 22321 亿元，贸易额占产值的比重为 64.1%；东莞市规模以上工业产值 22600 亿元，进出口总额 13303 亿元，贸易额占产值的比重为 58.9%。反之，由于全球经济震荡叠加国际贸易政策不确定性增大，给出口导向型制造业发展带来的冲击同样不容忽视，这是当下经济稳定增长的重要挑战。联合国贸易和发展会议报告指出，2020 年全球货物贸易额同比下降 5.6%，是 2008 年国际金融危

---

① 周武英. 美国商品贸易逆差创十年新高 [N]. 经济参考报，2019-03-08.
② 徐建伟. 推进产业深度融合发展　增强装备制造业核心竞争力 [J]. 宏观经济管理，2019（11）：35-41.
③ 冯其予. 去年我国知识密集型服务贸易占比提高近一成 [N]. 经济日报，2021-02-06.
④ 江小涓，孟丽君. 内循环为主、外循环赋能与更高水平双循环——国际经验与中国实践 [J]. 管理世界，2021，37（1）：1-19.
⑤ 张茉楠. 全球贸易秩序是否将被重构 [N]. 经济参考报，2020-05-25.

机以来的最大降幅,① 服务贸易额同比下降 15.4%,是 1990 年以来的最大降幅。

(五) 跨国企业主导型

作为全球产业分工格局的重要推动者和关键塑造者,跨国公司在全球产业链分工和价值链治理中发挥着不可替代的作用,推动形成了当前全球价值链的基本格局。② 跨国公司整合利用各个国家和地区的劳动力、自然资源、区位优势、市场空间、政策支持等基础条件,通过直接投资建立研发基地、生产基地、子公司,以及与代工厂签订生产合同、设立海外经销商等方式,构建起全球化的生产协作网络,成为具有强大生态主导力的产业链"链主"企业。根据联合国贸易和发展会议的研究报告,跨国公司协调了全球价值链中 80%的贸易往来,③ 其投入与产出的跨境贸易都在子公司、供应合作伙伴、经销合作伙伴构建的网络中进行。由于跨国企业始终把控着产业链核心领域,且主要来自发达经济体,也导致绝大多数发展中国家企业一直处于跟随和附属地位,在全球产业链中缺失话语权。同时,处于价值链关键环节的"隐形冠军"企业也有着突出地位,赫尔曼·西蒙调查发现,德国拥有全球数量最多的"隐形冠军"企业,数量高达1307 家。这些"隐形冠军"企业具有领域专注、持续创新和国际化经营的特点,业务规模稳居世界前列,业务范围辐射全球。④

二、全球产业链调整演变的四大新趋势

(一) 合作形式由国家间高度依存向偏向自主发展转变

近年来,受金融危机影响,发达国家重新认识到实体经济的重要性,"再工业化"呼声高涨,它们纷纷制订计划推动制造业投资和生产回迁本国。如美国先后制订"制造业回流计划""国家制造创新网络计划""美国优先计划"等,旨在推动制造业加速回流国内。受全球贸易争端和新冠肺炎疫情影响,发达国家推动制造业

① 宋雅静.31 省区市 2020 年外贸规模排行榜出炉 [N].经济日报,2021-01-27.
② 张熠涵.全球价值链重构与跨国企业高质量发展 [J].中国国情国力,2020 (2):26-30.
③ 吴海英.全球价值链:国际贸易的稳定器 [J].中国海关,2015 (3):22-23.
④ 熊丽."隐形冠军"何以光彩夺目 [N].经济日报,2021-10-14.

回流、减少对外依赖的趋势进一步强化，自主发展再次被提上日程。特别是新冠肺炎疫情暴发后，经济全球化过程中产品内分工体系的风险和脆弱性充分暴露出来，美日欧等国家和地区出于供应链安全自主可控的考虑，着手推动自主重建供应链，以期降低供应链对外依赖和产品进口风险。欧盟调查发现，欧盟在 137 项战略敏感产品中有一半依赖中国。《欧盟新工业战略》提出，重点在电池、可再生能源、制药、航天、数字等领域实施关键原材料行动计划，以提高自我供应和保障能力。德国《国家工业战略 2030》提出，要将工业在经济中的占比提高到 25%，并保持一个从基本材料到加工制造再到分配服务的闭环工业增值链，从而减少外部冲击和威胁，实现和扩大竞争优势。拜登政府对四种关键产品供应链进行了全面的风险审查和脆弱性评估，提出要重建美国的生产和创新能力，为关键供应链提供更多的制造、研发、商业化和市场支持，从而减少全球供应链中的短缺和脆弱性问题。日本政府制定经济刺激计划，在用于"改革供应链"的 2435 亿日元中，有 2200 亿日元（约合人民币 143 亿元）用于资助日本企业将生产线转移回日本本土。[①] 在主要国家从高度分工合作向重视自主发展转变的趋势下，一些在全球范围内分包的生产工序和制造环节有可能回缩到跨国企业内部或是回迁至发达国家本土。

（二）产业布局由区域化集中布局向多元弹性布局转变

除了各国自建产业链之外，多元弹性布局也成为发达国家和跨国企业规避产业链集中布局带来的断链风险的重要选择。从产业领域来看，一些易受突发事件影响的全球产业链，如供应链较长且分工复杂的汽车和电子制造产业链，可能不再像过去那样集中于某一区域或国家，而是分散布局在多个国家和地区，更多地制订实施备链计划和替代方案，甚至构建更小区域范围的产业链和供应链。根据日本东京商工研究的调查，在业务受到新冠肺炎疫情影响的日本企业中，有 37% 的企业计划加强从中国以外的企业采购。日本企业长期推行的"中国+1"投资战略将被更多跨国企业采纳。[②]《欧盟新工业战略》也提出，将努力扩大原材料国际合作伙伴关系，通过多样化采购渠道保障原材料供应，降低对单一来源的过度依赖。由于东南亚和南亚国家生产成本较低、具有出口政策便利，替代我国成为国际供应链新选择的可能很大。目前，阿迪达斯、蔻驰、耐克等美国品牌商都

① 佚名. 疫情影响产业链，日本拟拨款 143 亿资助日企将生产线迁回国［EB/OL］.（2020-04-09）. https：//www. thepaper. cn/newsDetail_ forward_6886039.
② 刘光友. 日本企业的"中国+1"海外直接投资战略探析［J］. 现代日本经济，2016（6）：27-40.

已经把越南看作经济合作伙伴和商品供应链的重要一环。虽然国内一些电子信息企业反映，东南亚及南亚国家要建立起与我国等同的产业配套能力仍需要十几年的发展历程，但是其产业发展路径与我国相似，在全球产业链和供应链上对我国的替代进程也会不断加快。这种替代比欧美日韩等发达经济体自建产业链带来的影响更深刻、更全面，需予以高度重视。

（三）分工结构由产品内深度分工向链条扁平发展转变

智能制造技术兴起给全球产业发展模式带来深刻变革，随着工业机器人、自动化系统、3D打印、工业互联网等新技术的推广应用，产品设计、生产、管理、服务的产业链流程正在重构，研发与制造、生产与消费、前端与终端的兼容性大幅提升。一是自动化、智能化成为提升生产效率新的支撑，大大缓解了劳动力高成本和技能人才短缺对发达国家产业发展的硬约束。2014~2019年，全球机器人装机量增长约85%，正在运行的工业机器人超过270万台，达到历史新高，[①] 韩国、日本、德国等机器人推广应用水平全球领先。为了加强与国外低价劳动力竞争，美国专门组建了先进机器人制造研究所（ARM），通过整合学术界、研究机构、制造业、政府和非营利组织等资源，以协助振兴美国制造业并确保其领先地位（见表2-1）。二是电子商务、"新零售"等的兴起，极大地改变了产业链和价值链的构成，提高了生产制造与市场需求间的动态匹配程度，快速响应与敏捷供给正在成为满足细分市场需求的新要求。三是随着3D打印等新技术的推广应用，以"短链"为特征的制造新模式逐渐形成，产业的柔性化、网络化和个性化水平不断提高。例如，美国越野赛车Local Motors公司尝试通过社会化生产方式，将越野赛车的个性化设计与制造分包给不同的社区，在社区内的微型工厂实现快速小批量的设计和生产。[②] 可以说，新技术应用下的产业链条重构特别是更短、更快、更加智能的新变化，在一定程度上会削弱产业外迁的动力、增强产业回迁的引力。

表2-1　2019年部分国家制造业机器人密度比较　　　单位：台/万人

国家	新加坡	韩国	日本	德国	瑞典	丹麦	美国	中国
密度	918	855	364	346	277	243	228	187

资料来源：国际机器人联合会发布的《2020世界机器人报告》。

---

① 国际机器人联合会（IFR）. 2020世界机器人报告［R］. 2020-09-24.
② 张朝辉，郭凯，王锦潇，李玉燕. 社会化媒体环境中企业与顾客的价值共创链研究——以美国企业Local Motors为例［J］. 创新科技，2017（6）：59-62.

（四）竞争重点由获取低要素成本向寻求产业生态转变

很长一段时期内，发展中国家依赖低成本优势参与国际分工，并且不断强化低成本发展优势；发达国家依赖创新发展引领国际分工，并且不断推进国际产业转移，全球产业链形成了看似紧密联系、实则严重分裂的循环发展格局。随着新一轮科技革命和产业变革的快速推进以及国际经贸格局的变化，一个国家、一个地区的产业发展不仅取决于生产制造或研发创新单个环节，更取决于是否拥有良好的产业发展生态。这就需要改变过去只注重加工制造、生产成本、生产效率的狭隘观念，更加重视产业发展主体、配套要素和政策环境的多维考虑与系统优化，形成产业链各参与者、关联支撑要素和政府政策支持协同作用、有机耦合的产业发展系统。有研究认为，美国经济发展及其在全球经济中的领导地位得益于一个精心构筑的创新生态系统。[①] 目前，美国等国家正在着力构建有利于重振制造业的产业新生态，拜登政府沿袭奥巴马时期的制造业发展思路，在制造业公共投资、中小企业发展、技术研发创新、技能人才培养、市场采购支持等方面打出"组合拳"，加快构建有利于制造业发展的支撑体系，将给全球产业分工格局带来深刻影响。我国要实现制造业高质量发展和现代产业体系建设同样需要统筹考虑创新、产业、市场、政策等各个环节，构建适应新发展阶段和新发展格局的产业新生态。

三、全球分工格局变化给我国产业链、供应链运行带来的影响

（一）外部关联震荡调整，产业链、供应链稳定运行存在诸多挑战

长期以来，由于深度融入全球分工体系，部分国内企业主要与国外零部件供应商、品牌运营商、终端零售商等开展合作，在技术、产品、市场上高度依赖国外。长期外部关联导致内生自主的产业关联被打破，国内产业链条是不健全、不配套

---

① 美国总统科技顾问委员会（PCAST）. 维护国家的创新生态系统：保持美国科学和工程能力之实力的报告［R］. 2004.

的，有的链主在外，有的配套在外，还有的市场在外。在全球经贸摩擦加剧的情况下，企业外部联系存在零部件断供、技术合作破裂、出口市场打压等问题，既往的外部合作格局正在被打破甚至重构，由此带来的震荡风险和转换成本很高。

从供给端来看，大量企业在重大生产装备、核心零部件、关键材料等方面依赖进口（见表2-2），部分领域"卡脖子"问题突出。如2020年我国集成电路进口额达24207亿元，同比增长14.8%；半导体制造设备进口额达1752亿元，同比增长15.8%。针对浙江某地的调研显示，有7.6%的规模以上企业在生产中需要使用芯片，其中，汽车及零部件、计算机及通信设备、电气、仪器仪表、智能装备等主要行业占比超过5.1%。在电子信息领域，虽然我国拥有先进的芯片设计及封装测试能力，但由于制造技术差距大、关键化学材料进口"卡脖子"，导致国内高端芯片供给紧张、缺口较大，企业光刻胶每批次采购量从超过100千克降至10~20千克。在汽车领域，我国汽车芯片进口比率超过90%，先进传感器、车载网络、三电系统、底盘电控、自动驾驶等关键系统芯片更是被国外企业垄断。由于芯片断供导致部分汽车企业生产经营波动，有的企业因芯片价格上涨而调整产量或产品价格，蔚来等企业一度出现停产状况。从需求端来看，一些企业在产品开发、市场订单、售后服务等方面处于被动地位，习惯于"前店后厂""外店内厂"的接单代工生产，转向贯通产业链前后端的自主创新发展短期内难以完成。

表2-2 2020年我国部分重要零部件及装备进口情况

零部件及装备	金额（亿元）	同比增速（%）
电子元件	28084	13.4
其中，集成电路	24207	14.8
自动数据处理设备及其零部件	3709	8.0
电工器材	2965	1.6
计量检测分析自控仪器及器具	2795	8.5
汽车零配件	2246	0.6
半导体制造设备	1752	15.8
通用机械设备	1343	-1.0
液晶显示板	1321	-7.7
音视频设备及其零件	1188	10.3

续表

零部件及装备	金额（亿元）	同比增速（%）
医疗仪器及器械	871	1.3
机械基础件	771	4.1
航空器零部件	530	−28.4
机床	458	−17.4

资料来源：海关总署官方网站。

（二）传统合作路径被打破，参与全球产业链分工的既有空间大幅压缩

技术引进和产品出口一直是我国产业发展中补"短板"、拓空间的两大关键支撑。在新的国际形势下，技术引进难度加大、产品出口市场受限，既有的产业发展路径在一定程度上被打破，造成了技术断链、市场割裂、合作破裂等一系列问题。一是部分国家加征进口关税将影响我国制造产品的国际竞争力，对出口导向型产业造成直接冲击。2020年，我国纺织原料，铁合金，皮革、毛皮及其制品，箱包及类似容器，合成有机染料，鞋靴等优势产品出口额同比降幅都在20%以上，出口规模超过9000亿元的服装及衣着附件降幅也达到6%（见表2-3）。二是发达国家对我国高科技企业实施制裁，加大了对核心零部件、核心装备和核心软件的出口限制，这将严重影响我国制造业转型升级步伐。如一些国家对我国民用飞机零部件、半导体生产设备、放射性材料、地理空间影像软件、MATLAB软件等高科技产品进口不断施加限制。

表2-3　2020年我国主要产品出口额及同比增速

产品	金额（亿元）	同比增速（%）
纺织原料	156	−28.0
铁合金	58	−26.8
皮革、毛皮及其制品	511	−24.5
箱包及类似容器	1429	−23.9
合成有机染料	84	−23.3
鞋靴	2454	−20.9
烟花、爆竹	45	−18.5
伞	141	−17.2

续表

产品	金额（亿元）	同比增速（%）
笔及其零件	154	-15.6
钢材	3151	-14.8
未锻轧铝及铝材	907	-13.6
帽类	271	-13.1
美容化妆品及洗护用品	295	-10.6
未锻轧铜及铜材	376	-9.7
橡胶轮胎	965	-9.3
肥料	467	-7.5
服装及衣着附件	9520	-6.0
纸浆、纸及其制品	1456	-4.0

资料来源：海关总署官方网站。

我国传统要素优势格局正在发生重大变化，劳动、土地、资源等一般性要素成本刚性上涨，特别是我国进入劳动年龄人口供给减少、年龄结构加速老化的复杂时期，以往支撑产业发展的要素数量、规模、成本等优势逐步消退。2010 年，劳动年龄人口占比达到 73.27% 的峰值，2017 年，劳动年龄人口规模达到 7.87 亿人的峰值，此后连续多年出现净减少变化。2020 年，劳动年龄人口占比降至 70.32%，相比 2010 年的峰值下降了 2.95 个百分点，劳动年龄人口总数降至 7.71 亿人，相比 2017 年的峰值下降了 1623 万人。对比之下，东南亚、南亚等新兴经济体凭借劳动力低成本优势，积极引进外国投资、承接国际产业转移，在劳动密集型产业上对我国的替代程度不断加深。其中，东盟纺织服装对外贸易额逐年上升，2017 年其出口额尚不足我国出口的 1/4，2019 年迅速增长到接近我国出口额的 30%；[①] 2020 年，越南纺织品服装出口额达 350 亿美元，皮革鞋类出口额约 200 亿美元，[②] 成为世界第二大纺织品服装出口国，在全球纺织品服装出口中的份额不断增加。因此，受发达国家打压和新兴发展中国家挤压双重影响，我国既有开放路径带来的产业发展动能和分工合作空间可能被大幅压缩。在分工存量盘被挤压的情况下，如何在全球产业链分工中稳住存量盘、做大增量盘成为一个重要而紧迫的问题。

---

① 中国纺织品进出口商会. 抵御风险，行稳致远，中国纺织服装出口再创佳绩——2020 年中国纺织品服装贸易概况［R］. 2021-02-24.

② 越南工贸部. 2020 年越南服装纺织品出口 352.7 亿美元［N］. 中国贸易报，2021-01-19.

（三）新产业新生态竞争加剧，突破"短板"再创产业竞争新优势难度加大

发达国家在重振制造业战略中，都将高新技术、智能、电子、信息、数字等作为关键点，对"创新要素"更是高度重视。[①] 这与我国以增强创新能力、加快动能转换为核心的转型升级路径基本一致。然而，创新要素是一种战略性稀缺资源，全球范围内对创新要素的争夺将更加激烈。从发达国家的角度来看，维持全球领先的科技创新优势关系到欧美等发达国家的核心利益，也关系到发达国家在国际经济竞争中的地位，故而这些国家对其科技创新优势具有高度敏感性。在这种情况下，我国创新能力持续提升，容易被处于创新领导地位的发达国家认为是一种威胁。一些发达国家很可能会利用其在知识、技术、标准、知识产权等方面的领先地位和先发优势，加强对我国知识和技术的封锁，迟滞我国产业升级。

从国际比较来看，我国科技创新取得了长足进步且成果突出，但是"瓶颈"和差距依然明显，仍处在从点的突破迈向系统能力提升的转折时期，还不能有效满足高质量发展的要求，[②] 技术创新成果中具有原创性、颠覆性和高价值含量的专利数量偏少，核心技术受制于人、"卡脖子"问题突出，要在短时间内构建创新生态、实现技术赶超并非易事。目前，我国三方专利数量仅有日本的1/4~1/3，在技术方向覆盖面、领域均衡性上相比日本、美国、德国仍有较大差距。[③] 其中，日本和美国三方专利覆盖了接近95%的技术焦点，德国在70%左右，我国只有50%（见表2-4）。以浙江某市电气行业为例，在11900家生产企业中，规模以上企业仅1000多家，大量的中小企业研发创新能力不足，中低端产品占比超过70%，同质化竞争激烈，缺少具有自主知识产权的创新型产品。

表2-4　部分国家科技创新水平比较

国家	研发经费支出占GDP的比例（%）	每百万人研发人员数量（人）	三方专利技术焦点覆盖度（%）
中国	2.40	1307	约50
美国	2.83	4412	约95

① 黄剑辉，等. 欧美"再工业化"最新进展及对我国的启示与借鉴［R］. 2020-05-29.

② 白雪洁，庞瑞芝. 全球产业变革新趋势及对我国科技发展的影响［J］. 国家治理，2021（13）：27-32.

③ 中国科学院科技战略咨询研究院. 2021技术聚焦［R］. 2021-06-04.

续表

国家	研发经费支出 占 GDP 的比例（%）	每百万人研发 人员数量（人）	三方专利技术焦点 覆盖度（%）
德国	3.13	5212	约 70
日本	3.28	5331	约 95
韩国	4.53	7980	约 50

注：中国研发经费占比为 2020 年的数据，美国每百万人研发人员数量为 2017 年的数据。

资料来源：世界银行、国家统计局官方网站。

四、更好参与和引领国际分工合作的政策建议

（一）优化国内产业协作，提高产业链畅通循环水平

制造业是我国建设现代产业体系和参与国际竞争的基石，必须增强内循环能力、筑牢发展根基。一是畅通产业链条，提高产业耦合协作能力和根植性、黏着性。发挥产业链龙头企业和产业集群的引领带动作用，提高装备、电子、信息、材料等不同产业间的配套协作水平，提升整机与零部件、装备与系统软件、制造与增值服务的融合发展水平，畅通产业链上下游、前后侧，释放现代产业体系的内生耦合和畅通循环效应。二是加快培育建链关键企业。推动建链基础条件好的制造龙头企业，发挥创新引领、技术渗透、辐射带动作用，尽快推动本土企业贯通上下协作链条，把国内企业互相协作、互相支撑的架构搭建起来。更大力度支持基础科学、基础部件、基础材料、基础装备、基础软件企业和机构向专精特新发展，夯实产业链基础根基、缓解"卡脖子"瓶颈约束。发挥平台型企业的要素聚合、资源交换和优化配置作用，提高产业链上下游、前后侧、内外围的耦合发展水平。三是协作共建优势产业链群。立足于京津冀、长江经济带、粤港澳大湾区、长三角、黄河流域等重点区域，充分发挥各自比较优势，加强产业链对接合作，在汽车、电子信息、机械装备、材料、轻工纺织等领域建设一批世界级的标志性产业链群。

（二）加快新兴产业布局，在新一轮产业变革中形成先发优势

相比垂直分工格局固化的传统产业领域，我国在一些重大和新兴前沿领域与主要国家发展有先后但差距不大、技术有高低但处于同一水平，在部分领域甚至已经形成先发优势（见表2-5）。根据国家制造强国建设战略咨询委员会的研究，我国在通信设备、轨道交通装备、电力装备等产业重点核心技术上取得突破，正在成为技术创新的引导者，航天装备、海洋工程装备及高技术船舶、新能源汽车、机器人等产业技术进步较快，有望进入世界领先水平。根据《国家数字竞争力指数研究报告（2019）》显示，① 我国以81.42分居全球第二位，仅次于美国（86.37分），全球领先地位初步形成。要抓住重要发展机遇和窗口期，系统谋划、前瞻布局，加快构建自主发展新路径，培育产业体系新支柱，形成引领发展新优势。一是聚焦新兴前沿和未来领域强化国家战略科技力量，加大对培育创新要素、建设重大科技基础设施、发展新型研发机构的引导和支持，争取在一些领域率先取得创新突破，实现抢位发展。二是整合优化创新资源配置，完善技术创新市场导向机制，推动产业链、创新链、资金链、人才链等有机衔接和深度融合，提升跨领域和全链条创新能力。三是开拓升级国内消费市场，积极构建新技术推广应用多元场景，加快新技术工程化产业化突破，加快新产品商业化规模化应用，不断壮大消费新增长点，把内需市场优势切实转化为产业发展优势。

表2-5 十大重点领域的产业综合水平评估

重点领域	产业	综合水平
新一代信息技术产业	集成电路及专用设备	差距巨大
	通信设备	世界领先
	操作系统与工业软件	差距巨大
高档数控机床和机器人	高档数控机床	差距大
	机器人	差距大
航空航天装备	飞机和航空发动机	差距巨大
	航天装备	世界先进
海洋工程装备及高技术船舶	—	世界先进

---

① 腾讯研究院，中国人民大学统计学院.国家数字竞争力指数研究报告（2019）［R］.2019-06-15.

续表

重点领域	产业	综合水平
先进轨道交通装备	—	世界领先
节能与新能源汽车	节能汽车	差距大
	新能源汽车	世界先进
电力装备	—	世界领先
农业装备	—	差距大
新材料	—	差距大
生物医药及高性能医疗器械	生物医药	差距大
	高性能医疗器械	差距巨大

资料来源：制造强国战略研究项目组．制造强国战略研究：综合卷［M］．北京：电子工业出版社，2020.

（三）强化内外产业协作，积极有序地推动产业链再造重构

顺应产业转移和市场规律，需要统筹国内国外产业发展，构建新型区域分工协作关系，提高国内产业链自主发展和国内国际产业双循环水平。一是优化国内产业布局与协作，提高区域梯度分工和协作水平。根据区域发展差异，推动东部地区产业转型升级、迈向中高端，创造更好条件、更大力度支持有条件的地区承接国内外产业转移，加快传统产业在转移和转型中重塑竞争力、焕发新活力，促进新兴产业在转移和协作中形成发展合力、释放增长潜力，进一步拓展我国经济发展空间、回旋余地，增强国内产业体系互补性、协调性和坚韧性。二是积极整合利用国外资源要素和市场，构筑互利共赢、多元弹性的产业链供应链合作体系，加强与日本、韩国、俄罗斯、欧盟等互补国家与地区的创新合作，深化与《区域全面经济伙伴关系协定》（RCEP）等产业分工地区的产业链合作，推进与"一带一路"沿线等需求潜在地区的市场合作。支持具备技术、产品、产能和市场优势的国内链主企业"走出去"，以 RCEP、俄罗斯、东欧等国家和地区为重点，加快构建我国企业主导的区域产业链，逐步向更高水平的全球产业链跃升，推进国内产业链协作关系国际化拓展延伸，提高企业价值链治理能级和国际分工位势。

（四）优化产业支撑体系，构建强大稳固的产业发展生态

产业的竞争归根结底是产业生态的竞争，围绕制造业发展"固本培元"才

是持续发展的关键。一是聚焦产业转型升级，推动关键共性技术平台建设。顺应制造业智能化绿色化发展趋势，结合不同产业领域，分类推动智能化改造、绿色化转型、工业大数据等公共平台建设，构建不同层次的智能化制造系统，全面推广绿色制造工艺和装备，重塑制造业转型发展新模式。聚焦产业发展的痛点、堵点和难点，整合产业链资源，创新机制模式，推进重大关键共性技术研发平台建设，加快产业迈向中高端、提高核心竞争力。二是夯实提升技术技能人才优势。加强教育和产业统筹融合发展，支持引导高校与企业深化产教研融合，研究建设一批培养专门技术人才的应用型大学，完善以高水平技术技能人才为主的教育和培训体系，适应新技术推广应用下的人机协同发展需要，培养造就高素质的工匠人才队伍。三是构建自主产品推广生态。发挥需求牵引作用推动战略性、全局性产业链建设，更大力度推动自主创新产品推广应用，加大对首次投放国内市场、具有核心知识产权的首台（套）装备、首批次新材料、首创系统软件等创新产品采购力度，为重大创新产品提供应用场景和技术产品迭代的市场空间。

第三章　全球制造业价值链
分工模式变化[①]

　　全球金融危机爆发后，各国普遍掀起了一股重新审视和定位实体经济的浪潮，尤其是制造业部门在经济社会发展中的功能与地位受到高度重视。[②] 当前，以欧美制造业回归为标志的国际产业新格局初现端倪，但这并非为了单纯追求制造业产值和比重的提高，而是为了提升制造业的整体竞争能力，谋求在未来产业发展中占据科技和产业的制高点，继续保持在制造业领域的领导和控制地位。[③] 同时，新技术快速发展为产业发展变革和制造方式转变提供了可能。特别是移动互联网与物联网技术、大数据与云计算技术、先进机器人与自动化技术、先进材料技术、新能源与储能技术等不断发展，将推动新的产品领域、新的制造模式以及新的服务方式不断涌现，以催生形成全新的产业价值链。在相当长的时期内，制造业回归与新技术突破将是影响全球价值链分工的两大主导因素，而其带来的影响将随着时间推移逐步显现出来。

　　目前，围绕上述两方面的变化已有一些研究成果，但相对于快速又深刻变化着的现实世界，理论工具的适应性变化并没有跟上。有的学者认为，新技术革命导致新型制造业重新回流发达国家，使其继续保持在新一轮产业全球分工体系中的控制者地位，发展中国家仍是全球产业体系与产业链中的被控制者。[④] 还有学者认为，新的制造业模式将减少对初级劳动的依赖，如果不能在这轮发展中占有一席之地，中国制造业的成本优势、规模经济优势和范围经济优势将逐渐消

---

① 徐建伟，戴俊骋．全球制造业价值链分工模式变化研究［J］．中央财经大学学报，2016（10）：86-93.

② 郭政．德国"工业 4.0"对我国制造业发展的启示［J］．上海质量，2014（4）：22-27.

③ 杨书群．"再工业化"背景下的中国制造业发展策略分析［J］．实事求是，2014（2）：42-45.

④ 芮明杰．新一轮工业革命正在叩门，中国怎么办？［J］．当代财经，2012（8）：5-12.

失。① 而另有学者认为，与传统价值链分工的线性攀升不同，国际生产网络进一步向非线性、扁平化的形态发展。尤其是中国经济的崛起，形成了自下而上的整合力量，② 有能力逐步构建自己的全球价值链网络，实现国内价值链与全球价值链的高效对接，③ 从而突破跨国企业自上而下的"低端锁定"效应。还有一部分学者对新一轮技术变化带来的影响进行研究，认为产业链分工将随着技术突破而被深度重组，由于行业间的技术、业务、运作和市场深度融合，许多行业间的边界由清晰趋向模糊。④

总体来说，全球经济和技术格局变化会给未来分工带来怎样的影响并未得到充分论证。一些研究虽然关注到全球分工的新变化和新现象，但是把这些变化与传统价值链分析融合的程度远远不够。有的研究试图在两者之间建立现象关联或因果机理上的联系，但是这些联系具有随意性较强、系统性较弱的特点。另外一些研究盲目跟从国外发展战略、发展理念甚至发展概念的倾向比较浓厚，这些"舶来"的发展理念未必完全适合我国要素条件和经济社会发展需要，甚至可能有一定的误导作用。需要说明的是，国际分工调整和产业结构演变是一国经济发展运行的综合反映，其背后涉及一国发展的要素禀赋条件以及外部经济环境变化。因此，对于如何审视全球经济形势和分工条件变化给我国带来的影响，以及我国需要做出哪些恰当应对，需要从全球价值链分工演变的动力机制出发，综合考虑全球经济发展环境、国内资源要素条件以及经济社会发展需要等因素变化，提出具有前瞻性和战略性的产业发展路径，避免在新一轮技术革命和产业变革中迷茫与徘徊，从而为实现经济爬坡过坎、跨越中等收入陷阱提供产业支撑。

一、全球价值链分工演变的动力机制

全球价值链分工深刻改变着全球收入和经济增长的形成方式。⑤ 从价值链自

① 郭政. 德国"工业4.0"对我国制造业发展的启示 [J]. 上海质量，2014 (4)：22-27.
② 丁宋涛，刘厚俊. 生产共享、全球价值链与"低端锁定"的突破 [J]. 南京社会科学，2013 (7)：9-14.
③ 王子先. 中国需要有自己的全球价值链战略 [J]. 国际贸易，2014 (7)：4-12.
④ 毛蕴诗，李田. 行业边界模糊背景下的跨产业升级与S-O-S模型——基于乔布斯苹果成功实践的理论提炼 [J]. 中山大学学报 (社会科学版)，2014，54 (2)：184-191.
⑤ 米歇尔·鲁塔，齐藤美香，李想. 全球价值链 [J]. 国际经济评论，2014 (3)：155-158.

身的演进动力来看，价值链内部蕴含着整合与分离的均衡运动。价值链演进的内生动力来自提高生产效率与降低生产成本的驱动。由于不同生产环节有着要素密集度的差异，在相应的要素丰富地区布局可以实现规模经济效应，从而提高生产效率、降低生产成本，获得更高的价值实现。因此，要素差异的存在，促进分工效率的提高，成为促使分工深化的主要动力。与之对应，交易成本的提高则成为约束分工开展的主要阻力。在全球分工的初级阶段，土地资源丰富的国家，农业生产比较发达；矿产资源丰富的国家，则出产各种矿产；资本和技术条件较好的国家则从事制造业生产。各国的要素禀赋条件支撑了优势产业相对较高的生产效率和相对较低的生产成本，从而相互间的贸易往来可以获得更多收益。需要说明的是，相对较高的生产效率是与规模效应联系在一起的，但规模效应并不完全取决于要素禀赋条件，更主要的是取决于生产技术条件。以乙烯装置为例，在 20 世纪 80 年代，年加工能力达到 60 万吨的装置具有较强的竞争优势，但进入 21 世纪后，具有竞争力的乙烯装置年加工能力一般要在 100 万吨以上，而且其能耗、产品损失率、二氧化碳排放更低。这与乙烯提炼技术的发展有关。

在要素条件和生产技术变化的情况下，影响分工开展的动力与阻力间的均衡也会发生变化，导致价值链分工格局的变动。在早期的国际分工模式中，不同国家间的要素流动性较弱，商品贸易成为实际上国际间具有成本差异的要素交易的载体。商品贸易大规模开展有可能带来要素需求与供给条件的变化，进而导致要素价格的变化，这反过来又作用于产业布局和产品生产。此外，生产技术具有相对和动态属性，生产同种产品或具有替代功能产品的技术路径从来就不是唯一的。例如，同样是纺织品生产，发展中国家的企业可能使用落后的技术装备和大量的廉价劳动力，在发达国家可能使用先进的技术装备和少量的劳动力。至于究竟哪种生产方式更具竞争力，取决于两种方式在提高生产效率和降低生产成本上的综合平衡。当前，全球价值链分工呈现一些新的变化趋势，其中的关键就在于全球范围内的要素成本差异正在发生深刻变化，而且新一轮技术变革正在蓬勃兴起，由此导致了不同国家、不同产品的生产效率和成本变化（见图 3-1）。

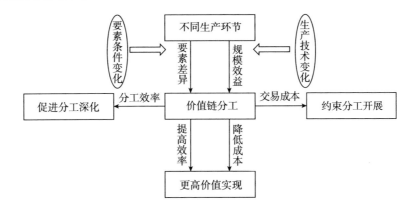

图 3-1　价值链分工演变的动力机制

资料来源：笔者自绘。

二、全球价值链分工的影响因素分析

（一）全球要素成本格局发生深刻变化

萨缪尔森指出，国际贸易可能使两个不同国家的要素价格趋于均等。[①] 以劳动力价格为例，随着我国经济开放程度的不断提升和对外贸易的深入推进，我国劳动力价格与美国等发达国家的差距呈现不断缩小的变化趋势。根据 2014 年美国波士顿咨询公司发布的《成本竞争力指数》研究报告，在过去十年间，全球制造业成本格局发生了重大变化，一些传统意义上的低成本国家已经名不副实，呈现"高者不高、低者不低"的演变趋势。综合考虑薪资水平、生产率增长、能源成本、货币汇率等方面，我国与美国的制造业成本差距持续缩小。2014 年，我国制造成本优势领先美国不足 5%，而这一优势在 2004 年还曾达到 14%。其中，劳动力成本增长尤其迅速，2004~2013 年我国制造业每小时人工成本增长超过 200%，年均增速超过 10%，同期美国增幅仅有 27%，年均增速不足 3%，增速差别长期积累必然导致绝对成本格局的变化。在能源成本方面，2004~2013 年

---

① 保罗·萨缪尔森，威廉·诺德豪斯. 经济学［M］. 北京：商务印书馆，2013.

我国工业用电价格、天然气价格分别上涨了66%和138%，美国页岩气革命则使其能源价格出现下降。

（二）新一轮科技革命导致技术条件变化

在经历了蒸汽驱动机械制造、电力驱动规模化生产、电子信息驱动自动化三次工业革命之后，人类社会即将进入以人、机器、信息高度融合为特征的新一轮产业革命。以先进制造技术为代表的新技术不断涌现，显著降低了资源、能源、人口老龄化等因素对经济发展的制约。一是先进制造技术对劳动生产率的提升能够弥补劳动力成本增高所带来的发展约束，从而提升产业国际竞争力。德国国家科学与工程院预测，现有企业在工业4.0①的帮助下，可以将生产效率提高30%。② 在我国也是如此，随着机器换人技术改造投资加大，2014年浙江省减少了60万名以简单劳动为主的操作工人，规模以上工业全员劳动生产率提高9.3%。二是新技术发展还使工业生产模式的新变化成为可能。目前，随着电子器件微型化、计算机及存储介质的性能飞跃，推广信息物理融合系统成为许多制造行业的发展目标。包括产品设计、加工制造在内的各个环节都可以大量使用计算机来完成，工程数据可以直接转化到生产过程之中，生产信息也可以直接用于优化产品研发及生产过程的上游工序。③

（三）个性化需求快速兴起导致商业环境变化

克里斯·安德森指出，我们的经济中心正在加速转移，从需求曲线头部的少数大热门（主流产品和市场）转向需求曲线尾部的大量利基产品和市场。④ 消费者开始希望有更多个性化的主张，表达更加个性化的观点，关注更加个性化的需求。虽然所有产品难以做到完全个性化，但是个性化以及更多的小批量多品种趋势已是必然⑤，众多利基产品聚合起来将形成与主流热门产品相抗衡的利基市场。这与大众

① "工业4.0"是德国政府提出的一个高科技战略计划，是指利用物联信息系统将生产中的供应、制造、销售信息数据化和智慧化，最后达到快速、有效、个人化的产品供应。

② 斯特凡·恒，王艺璇. 工业4.0：新兴市场国家的突出机遇 [J]. 中国经济报告，2015（6）：10-13.

③ 乌尔里希·森德勒. 工业4.0——即将袭来的第四次工业革命 [M]. 北京：机械工业出版社，2014.

④ 克里斯·安德森. 长尾理论 [M]. 北京：中信出版社，2012.

⑤ 曾玉波. 工业4.0时代 个性化定制如何实现？ [EB/OL]. （2015-02-06）. http://cyyw.cena.com.cn/2015-02/06/content_ 261259. htm.

化、均质化的消费模式截然不同。因此，商业和文化的未来不在于传统需求曲线上代表"畅销商品"的头部，而是经常被人遗忘的、代表"冷门商品"的长尾。受此趋势影响，个性化、多品种、小批量正在成为许多传统行业发展的新趋势。以汽车为例，1990 年德国豪华车制造商生产每个品牌的汽车款式为 7～8 款，2012 年仅奥迪、宝马、奔驰三个品牌在德国推出的汽车款式就达到 66 款。

（四）非线性网络扩张导致生产组织模式变化

先进制造业最鲜明的特征是产品的快速更新和生产过程的持续改进，其带来的生产范式转变深刻改变着制造业的要素配置方式，有可能创造全新的生产组织模式。例如，数字化与智能化技术使企业具备了快速响应市场需求的能力，能够实现远程定制、异地设计、就地生产的协同化新型生产模式。目前，发达国家已经涌现了几十种先进制造系统和生产模式。由此带来的变化，一是生产组织分散化。在2012 年全球系统工程代表大会上，多数专家都认为现有的生产组织结构已经不适合未来的产品和服务。随着工业生产与互联网融合程度加深，可以借助网络和云技术对布局在不同地区的工厂进行同步调整，大型工厂将转化为更多分散的小型自控工厂。二是生产灵活性提高。乌尔里希·森德勒将提高生产灵活性、提高生产力与加强节能高效并列为工业企业必须做好的三件事。通过提高生产灵活性，可以缩短产品上市时间、丰富产品种类，扩大并满足个性化的生产需求。①

三、全球价值链分工模式的新变化

在过去相当长的时期内，全球价值链治理主要模式的核心都在于生产环节，即在制造环节进行全球分工、细化分工，即使向研发、销售环节有所拓展，也没有摆脱通过制造环节的全球分工获取价值增值的根本原则。但是随着个性化、小批量需求的逐渐兴起，需求者深度参与的多元创新相比于大规模集中制造、尽可能细化分工的重要性更加突出。由此，全球价值链分工模式呈现出一些与以往不同的新变化（见图 3-2）。

---

① 乌尔里希·森德勒.工业 4.0——即将袭来的第四次工业革命［M］.北京：机械工业出版社，2015.

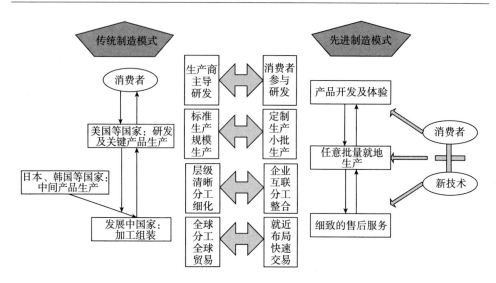

图 3-2 全球价值链分工模式的新变化

资料来源：笔者自绘。

（一）寻求传统要素优势和规模效益的分工格局发生新的变化

在工业化初期，分工模式的典型代表是产业间分工，如亚当·斯密所说的纺织业与酿酒业的分工；而后分工进一步深化，在产业内展开，如产品功能相同的两家电器企业间的分工；20 世纪 90 年代以来，产品内分工快速兴起，主要是同一产品内部的研发设计、关键零部件与组装生产之间的分工。但是无论分工形式如何变化，驱动分工变化的内核是一致的，即分工之后的规模化生产可以充分利用各种优势要素，实现生产的规模经济效益，从而提高生产效率、降低生产成本。对于新兴市场来说，丰富的劳动力、自然资源及巨大的需求市场是全球价值链兴起和发展的基础，并且为其继续发展提供了新的动力源泉。[①] 这也解释了为什么经历改革开放以来的快速发展，外资企业在我国投资的重点从最初的纺织、服装、食品等行业转到钢铁、化工、建材等行业，再到后来的电子、汽车、机械等行业。虽然产业和产品结构显著升级，但是外企投资我国的一个重要动机始终没有改变，即通过获取充裕而廉价的劳动力，实现对生产成本的有效控制。这一

[①] 刘洪愧，张定胜，邹恒甫. 新兴市场与全球价值链——基于增加值贸易的视角 [J]. 中央财经大学学报，2015（12）：85-99.

过程中，全球分工带来的规模效益始终高于全球贸易的交易成本，因此全球范围内的分工和贸易得以快速开展。

近年来，在国内外发展环境变化以及新技术不断涌现的影响下，传统制造业分工格局正在发生新的变化。一是随着全球贸易的快速开展和要素资源的频繁流动，一些国家间的要素成本差异呈现缩小趋势，从而内生地制约着分工的深化开展。二是随着工业机器人、数字制造、增材制造、柔性电子制造等新技术兴起，产品生产流程开始深度整合，一些产品的生产要素密集度可能发生逆转，之前对于劳动力有旺盛需求的一些产业呈现出低劳动需求的特征。以江苏某地区一20万吨的化纤车间为例，在大规模使用工业机器人之前的用工与固定资产之比为1.35，劳动密集的特点比较突出，但在实施"机器替人"计划后，用工与固定资产之比下降为0.58，资本密集的特点更加突出（见表3-1）。由此带来的变化是原本寻求在低要素成本密集地区布局的一些产业，在新技术推广应用的支撑下可以在更广阔的地域范围内布局，甚至在部分传统意义上的高劳动成本国家布局。

表3-1 江苏某地区一20万吨化纤车间使用工业机器人前后的资本构成变化

指标	使用前	使用后
固定资产投资（万元）	54700	57200
年折旧（万元）	2735	2860
用工（人）	950	420
用工成本（万元）	3700	1650
用工成本/固定资产年折旧	1.35	0.58

注：折旧率按照5%计算。

资料来源：根据对江苏省苏州市吴江区某化纤企业的调研数据计算而得。

（二）需求者深度参与的创新驱动在价值创造中变得更加重要

由于生产效率大幅度提高和产品极大丰富，工业制成品间的竞争越来越激烈，消费者的话语权则越来越大。如何更好、更快地满足需求者的个性化需求成为制造业创新的重要内容。[①] 进入21世纪以来，来自咨询公司、产业贸易协会、

---

① 王晓明. 从三个维度认识"智能制造"［N］. 经济日报，2015-08-06.

国际组织的研究报告都认为，随着全球生产能力的快速提高，大规模的产能过剩长期困扰着几乎所有的全球竞争性产业。[1] 铃木敏文指出，在从商品稀缺时代向商品过剩时代演化的过程中，消费者被置于各种经济关系的核心地位，供给创造需求正在转变为满足需求的动态及时匹配。[2] 在传统创新模式中，消费者被看作是购买和消费生产者创造的产品的"市场"；在新的创新模式中，消费者成为产品创新的重要来源，发挥着非常重要的作用。

未来制造业发展将以解决顾客问题为导向重构价值链条。在生产者与需求者的权力重心发生迁移的情况下，生产企业必须在充分了解用户需求的基础上，不断提高感知用户的能力。乔布斯曾说，"不要问消费者想要什么，一个企业的目标就是去创造那些消费者需要但无法形容和表达的需求"。只有让消费者参与到产品创造的过程之中，"无法形容和表达的需求"才能成为市场上被消费者认可、接受的产品。而且，技术发展使需求者参与产品创新成为可能。对于企业来说，大数据快速发展使数据的收集、整理、分析、反馈、响应可以在瞬间完成，企业能够及时动态地捕捉消费者的真实需求和潜在需求。[3] 对于需求者来说，互联网不断扩大以及更多开放平台的建立，将更多的个体与组织连接起来，[4] 用户可以充分参与设计、创新、传播、内容创造等过程。因此，在用户需求日益碎片化、个性化的趋势下，企业真正比拼的是洞察用户需求、满足个性化需求的能力（见表3-2）。

表3-2 一些领域以需求者为核心的产品创新

领域	企业及产品	创新点
酒类	茅台蓝莓酒、五彩国台果味酱酒	关注消费者需求，注重口感细分的创新产品研发
服装	旦可韵服饰智能化试衣间	建立智能身体尺寸采集系统和虚拟试衣系统，消费者可以进行 DIY 设计、搭配颜色、款式等

[1] James Crotty. Why There is Chronic Excess Capacity [J]. Challenge, 2002, 45 (6): 21-44.
[2] 铃木敏文. 零售的哲学 [M]. 南京：江苏凤凰文艺出版社, 2014.
[3] 李文莲. 基于社会"碎片化"的商业模式创新 [J]. 改革与战略, 2014, 30 (7): 53-55.
[4] 张竹，武常岐. 协同创新网络演进研究——以腾讯开放平台为例 [J]. 经济与管理研究, 2015, 36 (12): 90-98.

领域	企业及产品	创新点
手机	三星大屏手机	通过对9个国家12000名用户进行详细调研和分析，设计推出大屏幕手机；SDC的曲面显示面板失真率降低73%，完美再现画面的生动感和清晰感
	小米智能手机	创建用户参与的创新平台，充分发挥极客（拥有创新意识的客户）作用，招募产品试用测试者，前100名成为小米的智囊团
电视	乐视超级电视、爱奇艺互联网电视	以内容创新为主，将硬件、软件和内容进行整合，将互联网视频通过硬件移入客厅
洗衣机	美的智能洗衣机	建立人与机器、机器与衣服、人与衣服的智能应用场景，提供水量电量提醒、晾衣室外天气提醒、洗衣机自身清洗提醒等服务
机器人	巨能机器人公司门式机器人定制	根据汽车产业链复杂、从零部件抓取到多环节输送的特点，为广州本田提供定制化产品

资料来源：笔者整理得到。

（三）模块化、智能化等先进制造方式引致新型生产模式兴起

随着先进制造技术推广应用，市场需求多样化促使工业制造向多品种、小批量、短周期方向演进。一是小批量定制化生产加速发展。根据客户个性化定制需求，在产品虚拟设计的基础上，通过智能工厂完成生产制造过程。这主要得益于新技术的推广应用，使企业能够以更低的成本完成差异化客户的信息收集、产品设计、生产线以及供应链调整，从而有效解决定制产品周期长、效率低、成本高的问题。目前，服装、家电、机械器件等领域都出现了从大批量、标准化生产转向多品种、小批量、定制化生产的现象。例如，德国液压阀生产企业博世力士乐通过对原有生产线进行"工业4.0"改造，能够在无须进行技术和物流转换的条件下生产6大产品系列的2000种不同产品，实现小批量定制化生产甚至是单一产品生产。

二是以模块化为核心的生产链和供应链整合进一步加深。由于构成装配线的零部件繁多且来自不同制造商，如果不能高效地串联起不同生产环节，那么消费者的多样化需求会给生产线调整带来严峻挑战。但是，满足个性化需求的定制化生产，要做出快速、准确的生产响应，必然要求符合条件的零部件以正确的数量在正确的时间出现在正确的位置。模块化设计正是解决这一难题的有效途径。在先进制造模式下，从用户交互平台、供应商到整个制造过程都基于模块来确定产

品。这一方面要求终端生产商、模块供应商和零部件生产商的深度融通，在信息共享、产品创新、生产协调等方面紧密联系；另一方面也要求核心零部件供应商向模块供应商转型，全程参与产品设计、供应商集成、生产制造以及物流服务等各个环节。

三是越来越多的需求者提出尽快交付商品的新要求。对于顾客来说，商品何时送到变得更为重要，缩短研发周期、尽快交付商品成为所有行业的发展趋势。由此，供货方有必要开始在靠近销售地点的地方生产。

四、分工模式变化趋势下我国面临的发展挑战

（一）依赖低成本优势参与全球价值链分工的空间被压缩

受我国要素成本上升和国外先进制造技术推广应用的双重影响，欧美国家产业发展的高成本制约正在逐步缓解，一些布局在我国的外国投资企业呈现回迁母国的态势。根据 JETRO 调查显示，当前日资企业中约 13% 的在华投资企业有比较明显的回流意愿，而且这一比例呈现增加趋势。当然并不是所有行业都呈现回流发达国家的趋势，回流相对集中的主要是附加值较高的领域。目前，松下、夏普、佳能、大金、西铁城等企业已经决定关闭在我国的投资企业，转而在日本国内扩大生产规模。此外，部分在我国生产并返销母国的劳动密集型产品也可能因为母国生产成本降低而回流母国。但是，在我国生产、面向我国或全球市场销售的绝大部分产品回流母国的可能性不大，这些产品可能根植于我国或转移至成本更低的其他发展中国家。例如，本田公司决定将在日本销售的部分高档摩托车转回国内生产，但是市场成长性较好的中国和印度仍将保留部分生产。

需要说明的是，发达国家企业回流并不可怕，真正需要警惕的是发达国家可能通过"再工业化"与新一轮产业革命的结合，重塑制造业发展优势，占领新一轮产业发展的制高点，成为科技革命与产业变革的主要受益者，[1] 从而对我国产业转型升级、迈向产业中高端形成挑战。

---

① 中国社会科学院经济研究所. 德国"工业 4.0"及其影响［EB/OL］. （2014-02-24）. http: // cass. cssn. cn/xueshuchengguojingjixuebu201402/t20140224_ 971515. html.

（二）围绕细化需求推进产业发展和创新的难度正在加大

在传统分工模式中，建立面向全球市场的大型工厂，充分发挥企业规模经济效应，大量采购海外零部件、大规模出口组装产品，是我国经济发展的重要特征。正是标准化产品的规模化生产带来的成本降低支撑了零部件的全球采购与最终产品的全球销售。也就是说，分工深化带来的效率提升克服了远距离采销的成本增加。但是满足个性化需求的定制化生产模式却完全不同。一方面，定制化生产主要围绕高度细分的利基用户展开，这些用户在产品研发生产过程中深度参与，在产品售后衍生出大量的使用维护和性能提升等需求，因此邻近需求布局生产线具有市场上的必要性；另一方面，以智能制造等为支撑，企业能够快速、高效、低成本地调整生产线和工艺流程，对用户定制需求做出响应，这内在地降低了企业大规模集中布局的必要性。因此，我国继续发挥规模经济效应、参与小批量定制生产、销往全球各地的产业发展空间相比于过去要小得多。此外，个性化定制生产对企业快速响应客户需求、进行多元产品开发的创新能力提出了更高的要求。我国企业长期从事加工组装环节，在直接面向消费者的产品开发、客户体验、售后服务等领域发展存在明显不足，制约了创新能力的提升。

（三）精益、智能、高效的先进制造模式给传统的粗放发展路径带来挑战

先进制造模式的灵魂是精益、智能、高效，对于人与机器、机器与机器、人与人之间的互联互动程度提出了更高要求。先进制造推广应用需要两个关键因素：一个是制造业发展的精细化程度和高端化水平；另一个是与之配套的制造文化、创新文化和组织文化的积累。从这两个因素来看，我国制造业从传统发展路径向先进制造模式跨越的难度较大。首先，我国工业化尚未完成，一些产业发展水平比较低，与欧美国家以高精尖产业为主导的发展格局截然不同。我国产业多层次、多元化发展的特征明显，还有相当一部分产业停留在"工业3.0"甚至"工业2.0"阶段[①]，未来发展要处理好"工业2.0"普及、"工业3.0"补课和"工业4.0"赶超的关系。其次，我国制造业粗放发展的特征明显，精益化、高效化水平不高，与欧美国家制造业积累深厚、发展品质高的特点迥然有别。发达国家产业具有较高品质，其原因在于产业发展过程中形成的技术和经验积累，特

---

① "工业2.0"是以电气化为主要特征的发展时期；"工业3.0"是以自动化为主要特征的发展时期。

别是控制部件和原材料具有尖端技术水平。再次，我国劳动就业人口规模大，但低技能的一般劳动力众多，高技能的专业人才、创新人才和复合型人才相对不足，与欧美国家老龄化问题突出但创新人才高度富集的要素条件不一样。最后，我国先进制造业发展的软环境比较薄弱（如数据和隐私保护等），无法满足经济发展需要。

五、立足国情推进制造业价值链升级

（一）先进制造模式是从局部领域开始、逐步推广应用的过程

当前，传统的制造模式和分工格局仍占据主流地位，先进制造模式还在孕育推广之中。除工业机器人等个别技术推广应用较快之外，包括"物理信息系统""工业互联网""3D打印"等在内的许多领域仍处于不断完善理念框架、推进技术试点或尝试性实施阶段。即使是工业机器人，其应用领域也主要集中在汽车、机械、电器等少数几个行业，大量应用于其他行业和生活服务的机器人产品有待开发和推广。3D打印技术虽被认为前景广阔，但还处在基础研发和技术实验阶段，尝试性的应用主要在生产术前模型、打印牙齿、骨骼修复等方面，大规模推广应用受到打印材料品种少、生产成本高昂等制约。因此，先进制造模式推广应用是一个逐渐推进的长期过程，不可能一蹴而就。在未来相当长的时期内，先进制造模式并不是要取代传统的大批量、标准化生产，而是作为一种新兴起的发展模式在制造业发展的大格局中发掘其成长空间。

（二）发达国家倡导的先进制造模式并不完全适应我国发展实际

无论是德国的"工业4.0"战略，还是美国的《先进制造业国家战略计划》，都是从各国自身发展的要素条件和增强本国国际竞争力的现实需求出发的。由于战略出发点和指向不同，各国先进制造业发展的领域方向、实施路径、要素培育、环境提升等方面有很大区别。德国拥有全球领先的机械和装备制造业，其未来发展的核心是进一步发挥生产与制造优势，将信息技术、数据技术等作为工具服务于生产制造，实现生产过程的智能化和效率提升。美国是信息技术革命的集大成者，软件与互联网经济非常发达，其未来发展的核心是将"软实力"向制

造领域延伸，更加注重物联网、互联网、大数据等技术创新对生产设备和服务的引领、改善。发达国家倡导的先进制造模式本质上是通过新技术的推广应用，实施领先的供应商战略和市场战略，确保其制造业的未来。对比之下，我国既不具备美国的信息经济优势和创新红利，也不具备德国工业文明的技术和品质积累。因此，不顾及我国产业发展实际，盲目跟从欧美国家的先进制造业发展战略，并不能有效解决我国产业发展面临的根本问题，甚至可能陷入新一轮引进发展理念、发展路径和技术设备的追赶陷阱。

（三）需要立足国情建立具有我国特色的技术进步方向和路径

技术进步的路径从来就不是唯一的。企业实践的经验也表明，在人、机器与信息之间存在不同程度和比例的匹配关系。不同国家、不同行业可以根据自身条件和特性的不同，寻找到最合适、最匹配的结合点。例如，有的企业提出了"低成本自动化"的发展理念，不是由机器取代劳动者来从事所有的工作，而是让机器来配合和协助人完成重复性的简单工序，劳动者主要从事更具创造性、能动性、灵活性的工作。人机互相配合有利于增强生产灵活性及应变能力。未来一段时期，我国制造业要实现生产方式向柔性、智能、精细转变，就需要立足我国产业发展的基础条件和客观要求，确立具有我国特色的技术进步方向和路径，构建不同于发达国家的新型制造体系。特别是我国拥有世界上最为齐备的工业体系，产业链和供应链优势难以替代；我国还是世界上消费市场最大、互联网经济发展最快的经济体，完全可以在挖掘大数据资源的基础上，寻求到人才、机器、信息的最佳匹配，实现制造技术和制造模式的创新，从而在新一轮技术革命和产业变革中占据一席之地、赢得发展先机。

第四章　国内外制造业发展特征与趋势比较

——以中美两国为例①

中美两国是全球最大的两个经济体，制造业深度关联、互相影响。国际金融危机以来，全球制造业发展格局和竞争版图进入深度调整重构时期。美国为在新一轮技术革命中抢占制造业发展的制高点，制定了多项国家战略，并进行了相应的政策调整。我国为振兴实体经济，推动制造业迈向全球价值链中高端，也是多措并举，持续深入推进供给侧结构性改革。可以说，美国重振制造业与我国制造业迈向全球价值链中高端的战略规划在同一时期迎头相遇，由此激发了中美两国抢占制造业发展制高点的竞争。特别是在美国政府频繁发动贸易保护调查的情况下，中美制造业发展成为当前全球经贸格局中的重大关注点。在此背景下，对中美制造业发展进行动态比较研究，不仅能够了解美国进入后工业化时期之后重振制造业发展的成效及制造业竞争力水平，也能看清我国进入工业化后期之后制造业转型升级的实践效果，从而提出促进我国制造业向全球价值链中高端迈进的对策建议。

一、工业化进程中制造业发展的一般规律与分析框架

（一）一般规律

经济学家威廉·配第认为，制造业相比农业，商业相比制造业能够得到更多

---

① 徐建伟，杨合湘，戴俊骋．中美制造业发展主要特征及趋势比较研究［J］．经济纵横，2019（2）：88-100．

· 44 ·

的收入，产业部门间的收入差异必然促使劳动力向能够获得更多收入的部门转移。① 科林·克拉克进一步研究指出，随着时间的推移和社会经济变得更加先进，从事农业的人数相对于从事制造业的人数趋于下降，而后从事制造业的人数相对于从事服务业的人数趋于下降。这就是初步揭示三次产业结构变化的"配第—克拉克定理"。美国学者丹尼·贝尔提出后工业社会理论，认为后工业社会第一个、最简单的特点就是大多数劳动力不再从事农业或制造业，而是从事服务业，如贸易、金融、运输、保健、娱乐、研究、教育和管理等。② 从典型工业化国家的发展经验来看，在一国经济由低收入阶段向中高收入阶段迈进的过程中，制造业比重先逐渐上升，达到峰值后转为逐渐下降。③ 无论是早期的美国、德国，还是后来的日本、韩国，都经历了制造业占比先升后降的变化过程，这是制造业的规模变化规律。这一规律通过工业在 GDP 的占比变化也能反映出来。在工业化后期，典型工业化国家还普遍存在制造业"服务化"的变化趋势，服务业占制造业投入的比重不断上升，制造业升级越来越依靠生产性服务业的推动与融合发展。1970～2000 年，美国制造业的服务业投入系数从 13.3% 上升到 22.7%，日本从 10.9% 上升到 17.9%。④

在制造业规模随着工业化进程发生变化的同时，其内部结构、发展机理也在经历深刻变化，这是制造业的结构变化规律，包括内部的行业迭代和外部的空间转移。一是制造业内部的行业迭代，即不同行业依次经历高速增长、达到峰值、逐步回落的过程。其中，以纺织业、食品工业等为代表的劳动密集型产业占制造业的比重最早出现峰值并回落；以钢铁、石化行业为代表的资本密集型重化工业的比重随后达到峰值并逐步回落。但是，一些国家以金属制品、电器制造、交通运输设备制造等为代表的资本和技术密集型产业占制造业的比重持续上升，达到峰值后趋于稳定，并没有明显回落的过程。二是制造业外部的空间转移，即不同国家和地区先后经历承接产业转移与对外产业转移的过程。例如，日本和韩国的崛起正是先期承接了欧美国家的纺织、钢铁工业转移，然后承接汽车、电子产业转移的结果，我国制造业在 20 世纪 90 年代以来迅速崛起，很大程度上也是承接

① 于立宏，孔令丞. 产业经济学 [M]. 北京：北京大学出版社，2017.
② 陈端计. 中国经济增长的新路径——中国市场经济中的供给问题 [M]. 北京：经济科学出版社，2004.
③ 苏东水，苏宗伟. 产业经济学：第五版 [M]. 北京：高等教育出版社，2021.
④ 任泽平. 我国制造业发展的现状与趋势 [N]. 经济日报，2013-08-05.

欧美日韩等先行国家纺织、家电、造船、电子、汽车等产业转移的结果。需要说明的是，由于创新赶超难度大、全球分工格局固化等，第二次世界大战以来真正能够顺利实现两个结构迭代的国家少之又少。这也是发展中国家从中等收入国家向高等收入国家迈进时面临中等收入陷阱和技术升级陷阱的原因所在。

（二）分析框架

分析制造业在经济发展中的作用和地位，可以从两个维度四个方面进行（见图4-1）。一是总量规模变化，即制造业增加值在 GDP 中的占比变化，这从总体上反映了制造业对经济增长的贡献。二是内部结构变化，即不同要素密集度或不同发展导向的产业的比例结构，这是制造业总量变化的结构性分解。三是生产效率分析，主要从劳动生产率的进步速度和研发投入的增长变化来看，这是不同行业出现或可能出现增长变化差异的原因所在。四是全球治理能力，主要从进出口结构特别是中间投入的进口依赖程度来分析，这是产业全球竞争与治理能力的根本所在。其中，总量规模变化和内部结构变化是表征性变化，反映了制造业作用地位变化的表象特征，即表征性维度；生产效率分析与全球治理能力是内在性变化，反映了制造业作用地位变化的内在原因，即内在性维度。

图 4-1　制造业发展分析的基本框架

资料来源：笔者自绘

二、当前中美制造业发展的阶段变化与背景条件

（一）后工业化时期的美国制造业

随着全球化的持续深入推进，经济不平衡现象既存在于发展中国家，也存

在于发达国家。这相当于全球产业分工体系的两个对等映射[①]，映射在一些发展中国家[②]表现为中低端制造能力过剩、高端制造和研发创新能力不足；映射在一些发达国家[③]表现为制造产业空心化、金融等现代服务业过度扩张。第二次世界大战以后，美国经济已经进入后工业化时期，产业结构总体上呈现出第一产业和第二产业占比持续下降，第三产业占比不断提高的趋势。[④] 通过构建和深化全球产业分工体系，美国制造业长期地、大规模地向国外转移，其国内制造业发展生态和支撑条件也在逐步消退，相应地，经济增长越来越向金融、信息、科技、商务等服务业领域集中，经济不平衡的状况长期存在并日益加深。例如，2009 年美国制造业占 GDP 的比例为 11.98%，服务业占比为 79.30%，其中，金融、保险、房地产和租赁业占比接近 20%，专业和商业服务占比超过 11%，比重均超过或相当于制造业。失衡的产业结构一方面导致美国经济更易于受到全球和国外经济波动的影响；另一方面也给国内就业结构、财富分配等带来深刻影响，甚至给美国经济社会增添了许多不稳定因素。例如，现代服务业对低端劳动力存在严重的挤出效应，一般劳动力的就业机会减少、薪酬增长缓慢。

2007 年，次贷危机爆发使美国经济结构失衡不断加剧，也引发了美国经济趋向再平衡的一次震荡调整。危机爆发以后，由于制造业在保持经济稳定、拉动就业增长、实现出口创汇等方面的突出作用，其在经济发展中的地位再次受到重视。美国政府认识到经济增长不能仅依赖于金融创新和信贷消费，于是开始将"再工业化"、制造业回归作为调整经济模式、重建竞争优势的战略方针，并通过一系列鼓励引导政策对重振制造业予以支持。这一政策路径从奥巴马政府时期一直延续至特朗普政府时期，先后制定出台了《美国制造业复兴框架》、《美国制造业促进法案》、"先进制造伙伴关系"计划、"国家制造创新网络计划"等，以优化制造业发展生态、增强制造业竞争力，以期在制造业新一轮创新发展中占领制高点。特别是特朗普上任以来，制造业一直都被视作优先考虑的事项，在大幅减税的同时把贸易保护作为制造业振兴的"利器"，频频针对包括中国在内的许多国家发起贸易保护调查、加征高额关税。因此，重振制造业事实上就是美国

① 映射是指一种现象或状态与另外一种现象或状态的对应关系。
② 主要是深度参与全球产业分工的发展中国家，以中国为典型代表。
③ 主要是企业大量对外投资、产业大规模对外转移的发达国家，如美国、日本等。
④ 董艳玲. 美国产业结构的变动趋势［N］. 学习时报，2010-12-20.

新一轮经济再平衡的过程，也是这一过程的关键所在。把这一战略放在工业化历程中来看，就是美国政府试图在服务业占据绝对主导地位的后工业化时期，通过振兴传统制造业、发展先进制造业对三次产业结构的内生性、趋势性变化进行干预和调整。

（二）迈入工业化后期的中国制造业

根据中国社会科学院工业经济研究所的相关研究，[①] 总体上来看，我国在2010年左右进入工业化后期阶段。随着国内外发展条件和环境的变化，我国经济已经由规模高速增长的既有阶段转换为规模中速增长、结构深化调整的新阶段，结构调整和创新升级成为制造业发展的关键所在。2008年以后，我国产业经济进入景气回落周期，虽然政府出台了一系列措施刺激经济增长，但是以制造业为主体的工业增长在实现短期"V"形反弹之后，再次进入下行阶段。在短期因素与长期因素、内生变化与外部环境的叠加影响下，制造企业经营面临的产能过剩和成本压力骤升，劳动密集型和资源加工型产业的低成本制造优势逐渐消退，而且增速回落的势头不断向原材料和装备制造领域蔓延。在既有优势产业增长乏力、传统增长模式难以为继的情况下，一方面如何实现传统产业"老树发新枝"，另一方面如何实现先进制造业"新芽成大树"，进而推动新旧动能有序转换、培育经济新的增长点，在制造业转型升级中更显重要和紧迫。

目前，我国已经建立了门类齐全的现代工业体系，跃升成为世界第一制造业大国。1990年，我国制造业占全球的比重为2.7%，居世界第9位，2010年占全球比重提高到19.8%，居世界第1位。2017年，我国货物出口额约占全球总额的13%，超过220种工业产品产量居世界第1位，是世界上最大的制造品出口国。随着制造业转型升级迈向中高端的步伐不断加快，科技创新、人力资本在产业发展中的地位更加凸显，继劳动、资源和资本之后成为制造业高质量发展的关键因素。根据全球专利和科技文献数据，[②] 我国企业和机构不仅在食品、饮料与烟草，石油和天然气，家电等传统领域积累了一定的创新优势，在信息技术、半导体、生物技术、制药等新兴领域的创新优势也在快速提升。目前，我国在智能

---

① 黄群慧，李芳芳，等. 中国工业化进程报告（1995~2015年）［M］. 北京：社会科学文献出版社，2017.

② 汤森路透对信息技术、电信、半导体、航空航天与国防、汽车、生物技术、家用电器、医疗器械、石油和天然气、食品饮料与烟草、制药、化妆品与健康12个技术领域的企业和机构创新活动进行排名。

终端、无人机、新能源汽车、电子商务、云计算、互联网金融、人工智能等领域崛起了一批具有全球影响的创新型企业。但是，相比于实现高质量发展和参与全球经济竞争的需要，我国制造业在结构上仍以中低端制造为主，在市场上仍以低成本价格竞争为主，在动力上仍然存在突出的科技创新"短板"，转型升级迈向高端仍处在进行之中。放在工业化进程中来看，我国制造业总体上沿袭后工业化时期的发展路径演进，但是要实现制造业转型升级迈向中高端，进而完成向后工业化时期的转变，对于我国来说同样是一个重大挑战。因为"二战"以来成功实现这一转变的国家并不多见。

（三）当前中美制造业已经深度融合

中美两国资源禀赋迥异、发展阶段不同，在制造业领域形成深度交融、互为补充的经贸格局。我国是美国第一大进口来源国，2017 年，美国自我国进口 5056 亿美元，占美国进口总额的 21.6%；我国是美国第三大出口目的地，2017 年，美国对我国出口 1303.7 亿美元，占美国出口总额的 8.4%。尽管近年来中美两国间的重合产业有所增多，但从总体来看，垂直互补关系仍在两国经贸格局中处于主导地位。将两国间双向出口商品按照规模排序，在前 6 大商品中类别重合的商品仅有机电产品 1 种，我国出口前 6 大商品占我国对美国出口额的 83.0%，美国出口前 6 大商品占美国对我国出口额的 76.4%。2017 年，除两国重合的机电产品外，我国对美国出口的主要是家具、玩具、杂项制品，纺织品及原料，贱金属及制品，塑料、橡胶，鞋靴，伞等轻工产品，多是劳动密集型消费类产品和资源密集型原材料产品，美国对我国出口的主要是运输设备，植物产品，化工产品，矿产品，光学、钟表、医疗设备，多为高附加值的装备产品和禀赋优势明显的资源型产品（见表 4-1）。此外，我国产业发展对美国先进资本和技术的依赖程度较高，2017 年，我国对美国支付的知识产权使用费达 71.3 亿美元，同比增长 14%，占我国对外支付知识产权费用总额（286 亿美元）的 24.93%；美国企业对我国直接投资 31.3 亿美元，占我国实际利用外资（1310.4 亿美元）的 2.39%，是我国第六大外资来源国。在 21 世纪初期，美国直接投资占我国利用外资的比重更高。以 2002 年为例，我国实际利用外资 527.43 亿美元，其中，美资为 54.24 亿美元，占 10.28%，是我国第二大外资来源国。

表 4-1　2017 年中美两国出口商品结构比较　　　单位:%

中国向美国出口商品		美国向中国出口商品	
商品类别	占比	商品类别	占比
机电产品	50.8	运输设备	22.6
家具、玩具、杂项制品	12.0	机电产品	19.2
纺织品及原料	7.7	植物产品	11.5
贱金属及制品	5.0	化工产品	8.6
塑料、橡胶	3.9	矿产品	7.7
鞋靴、伞等轻工产品	3.6	光学、钟表、医疗设备	6.8
运输设备	3.1	塑料、橡胶	4.9
化工产品	3.0	贱金属及制品	4.6
光学、钟表、医疗设备	2.6	纤维素浆,纸张	3.3
皮革制品,箱包	1.5	木及木制品	2.5
陶瓷,玻璃	1.4	活动物,动物产品	1.9
纤维素浆,纸张	1.1	纺织品及原料	1.4
木及木制品	0.9	食品、饮料、烟草	1.1
食品、饮料、烟草	0.6	皮革制品,箱包	1
贵金属及制品	0.6	贵金属及制品	0.9
其他	2.3	其他	2.2

资料来源:商务部官方网站。

三、当前美国制造业发展的主要特征与趋势变化

(一) 制造业占比回升态势并不稳固,但价值创造能力有所提升

通过财政支持、引导投资、税收减免等系列政策措施,2009~2012 年制造业在美国经济中的占比一度出现回升势头,2012 年相比 2009 年提高了 0.3 个百分点,但是这一势头并不稳固。2013~2016 年制造业占比又转为下降趋势,2016年美国制造业占比为 11.72%,相比 2012 年下降了 0.56 个百分点。通过国际比较发现,2016 年美国制造业占比不仅低于我国 (28.82%),也低于德国

（20.64%）、日本（21.05%）等其他发达国家。尽管制造业占比回升态势并不稳固，但美国制造业的增加值率却在 2009～2012 年下降之后持续升高，从 2012 年的 33.96% 提高至 2016 年的 38.21%，提高了 4.25 个百分点。这说明美国制造业的价值增值能力正在增强，成为其产业内涵式增长的有力佐证。由于产业发展环境趋好，美国制造业实际利用外资保持较快增长，成为支撑制造业出现向好变化的有利因素之一。2016 年，美国制造业外国直接投资存量为 15323.65 亿美元，是 2008 年的 2.36 倍，特别是 2014～2016 年的年均增速都在 10% 以上（见表 4-2）。

表 4-2 美国制造业增加值占比及 FDI 存量变化

指标 ＼ 年份	2008	2009	2010	2011	2012	2013	2014	2015	2016
占比（%）	12.33	11.98	12.23	12.29	12.28	12.19	12.12	12.06	11.72
增加值率（%）	33.24	38.63	36.67	34.17	33.96	34.19	34.62	37.77	38.21
FDI 存量（亿美元）	6503.8	6982.4	7568.68	7618.76	8644.37	9426.95	11145.4	13621.09	15323.65
增速（%）	0.37	7.36	8.40	0.66	13.46	9.05	18.23	22.21	12.50

资料来源：根据 America Bureau of Economic Analysis 所公布的数据整理计算而得。

（二）多数行业占比稳定或呈下降趋势，增长贡献向汽车制造等少数行业集中

制造业占比反映了经济结构的整体变化，但是在全球深度分工格局下，一个国家不可能在所有产业门类都保持竞争优势，因此行业内部结构的变化更具有现实意义。从美国制造业内部看，2016 年化学制品业，计算机及电子制品业，食品、饮料及烟草制品业，汽车及零部件业是规模最大的 4 个行业，合计占 GDP 的 6.03%，超过制造业 GDP 占比的一半，服装、皮革及相关制品业，纺织及纺织制品业，家具及相关制品业，木材制品业是规模最小的 4 个行业，合计占 GDP 的 0.47%。按照占比变化趋势来看，制造业可以分为以升为主、先降后升、基本稳定或波动震荡、先升后降、以降为主五个类别，以升为主和先降后升的行业有 3 个，基本稳定或波动震荡的行业有 5 个，先升后降和以降为主的行业有 11 个（见表 4-3、表 4-4）。其中，汽车及零部件业是所有门类中增长最快的行业，美

国汽车产量从 2010 年的 776 万辆增加至 2016 年的 1220 万辆，增加值占比从 0.62%提高至 0.89%，提高 0.27 个百分点，由制造业中的第八大行业跃升为第四大行业。这与金融危机以后美国政府推出一系列降成本、提效率的汽车产业重组复兴计划有关。塑料和橡胶制品业、木材制品业、家具及相关制品业、纺织及纺织制品业、电力设备及零配件业占比基本稳定，2010~2016 年合计占比变化仅为 0.01 个百分点。化学制品业、计算机及电子制品业、其他杂项制品业、石油及煤炭制品业下降较为明显，2010~2016 年占比合计下降了 0.55 个百分点。

表 4-3　2010~2016 年美国主要制造行业增加值占比变化趋势分类

变化趋势分类	主要行业
以升为主	汽车及零部件业（0.27%）、非金属矿物制品业（0.05%）
先降后升	食品、饮料及烟草制品业（-0.01%）
基本稳定或波动震荡	塑料和橡胶制品业（0.02%）、木材制品业（0.01%）、家具及相关制品业（0.01%）、纺织及纺织制品业（0%）、电力设备及零配件业（-0.03%）
先升后降	金属加工制品业（-0.01%）、石油及煤炭制品业（-0.19%）
以降为主	服装、皮革及相关制品业（-0.02%），基本金属业（-0.03%），其他运输设备业（-0.05%），印刷及相关活动业（-0.05%），纸及纸制品业（-0.06%），机械制造业（-0.06%），其他杂项制品业（-0.11%），计算机及电子制品业（-0.12%），化学制品业（-0.13%）

注：数据为各行业 2016 年与 2010 年增加值占比之差。

资料来源：根据 America Bureau of Economic Analysis 所公布的数据整理计算而得。

表 4-4　美国制造业行业结构变化情况（增加值占比，%）

年份 行业	2010	2011	2012	2013	2014	2015	2016
木材制品业	0.15	0.14	0.15	0.16	0.16	0.16	0.16
非金属矿物制品业	0.24	0.23	0.24	0.26	0.27	0.28	0.29
基本金属业	0.32	0.37	0.37	0.34	0.34	0.31	0.29
金属加工制品业	0.80	0.82	0.86	0.85	0.84	0.81	0.79
机械制造业	0.82	0.88	0.89	0.88	0.87	0.81	0.76
计算机及电子制品业	1.66	1.60	1.59	1.56	1.54	1.54	1.54
电力设备及零配件业	0.33	0.31	0.32	0.33	0.30	0.31	0.30
汽车及零部件业	0.62	0.72	0.78	0.80	0.83	0.89	0.89
其他运输设备业	0.75	0.74	0.71	0.71	0.72	0.74	0.70

续表

年份 行业	2010	2011	2012	2013	2014	2015	2016
家具及相关制品业	0.15	0.14	0.14	0.15	0.15	0.16	0.16
其他杂项制品业	0.54	0.50	0.49	0.46	0.46	0.45	0.43
食品、饮料及烟草制品业	1.53	1.40	1.42	1.43	1.43	1.49	1.52
纺织及纺织制品业	0.10	0.10	0.10	0.10	0.10	0.10	0.10
服装、皮革及相关制品业	0.07	0.07	0.06	0.06	0.06	0.05	0.05
纸及纸制品业	0.37	0.34	0.32	0.33	0.33	0.32	0.31
印刷及相关活动业	0.26	0.24	0.23	0.23	0.22	0.21	0.21
石油及煤炭制品业	0.87	1.09	1.07	0.98	0.99	0.88	0.68
化学制品业	2.21	2.17	2.12	2.13	2.12	2.09	2.08
塑料及橡胶制品业	0.42	0.42	0.43	0.42	0.40	0.44	0.44

资料来源：根据 America Bureau of Economic Analysis 所公布的数据整理计算而得。

（三）劳动生产率和研发投入提高较快的行业增长优势更明显

产业增长贡献取决于生产效率和研发创新能力。笔者分析发现，一是美国增加值占比提高较快或相对稳定的行业主要是劳动生产率快速提升的行业，如非金属矿物制品业、汽车及零部件业、家具及相关制品业、木材制品业、计算机及电子制品业、纺织及纺织制品业。二是多数研发投入增长较快的行业增加值呈现占比提升或相对稳定的状态，如食品、饮料及烟草制品业，纺织及纺织制品业，塑料及橡胶制品业，家具及相关制品业。相对应地，研发投入增长较慢的行业劳动生产率提升也相对缓慢，其增加值占比多呈下降态势，这在初级原材料部门和劳动密集型产业体现得比较明显。具体来看，美国生产率提高较快的制造行业主要是适合就近消费的原料加工业和技术水平高的机械制造业，前者如非金属矿物制品业、家具及相关制品业、木材制品业，2010~2016 年劳动生产率平均增长率分别为 5.06%、3.93%、3.56%；后者如汽车及零部件业、计算机及电子制品业，2010~2016 年劳动生产率平均增长率分别为 4.32%、3.21%。大量的初级原材料产业和劳动密集型产业劳动生产率提升较慢，如石油及煤炭制品业、基本金属业、印刷及相关活动业、服装及皮革制品业，2010~2016 年劳动生产率平均增长率分别为 0.35%、1.38%、1.59%、1.64%。研发经费投入增长较快的主要是食品、饮料及烟草制品业，纺织及纺织制品业，塑料及橡胶制品业，机械制造业，电力设备及零配件业，金属加工制品业，家具及相关制品业，2010~2015 年研发经费投入平均增速分别为 9.00%、10.13%、7.10%、7.10%、6.65%、5.87%、4.55%。研发投入增长较慢的主要是石油及煤炭制品业、纸及纸制品业、印刷及相关活动业、非金属矿物制品业、基本金属业，2010~2015 年研发经费投入平均增速分别为−31.21%、−6.29%、−1.03%、−0.33%、−1.00%（见表 4-5）。值得注意的是，研发投入增长较快的机械制造业和电力设备及零配件业两个行业，劳动生产率增长较慢，可能与这两个行业在全球范围内布局产业链，大量的研发创新成果在发展中国家进行产业化有关。

表 4-5 美国制造业生产率及研发经费投入增长情况 单位:%

行业	劳动生产率平均增速	研发经费投入平均增速
食品、饮料及烟草制品业	1.96	9.00
纺织及纺织制品业	3.49	10.13
服装及皮革制品业	1.64	10.13
木材制品业	3.56	1.15
纸及纸制品业	2.03	−6.29
印刷及相关活动业	1.59	−1.03
石油及煤炭制品业	0.35	−31.21
化学制品业	2.13	3.28
塑料及橡胶制品业	2.77	7.10
非金属矿物制品业	5.06	−0.33
基本金属业	1.38	−1.00
金属加工制品业	1.83	5.87
机械制造业	1.31	7.10
计算机及电子制品业	3.21	3.24
电力设备及零配件业	0.78	6.65
汽车及零部件业	4.32	2.87
其他运输设备业	1.87	2.87
家具及相关制品业	3.93	4.55
其他杂项制品业	−0.85	−4.63

注：劳动生产率平均增速相关数据为 2010~2016 年的数据，研发经费投入平均增速相关数据为 2010~2015 年的数据。

资料来源：根据 America Bureau of Economic Analysis 所公布的数据整理计算而得。

（四）轻纺及装备制造业深度融入全球分工体系、对外依赖严重

美国拥有大量全球领先的跨国公司，这些公司既是国际分工格局的重要塑造者，也是全球价值链分工体系的核心治理者。随着产业分工格局不断深化，美国作为全球创新中心和消费中心的地位日益突出，并将大量的一般制造和加工组装环节剥离转移至发展中国家。由此导致美国部分产业对外依赖程度较高，这在中间投入上体现得十分明显。美国中间投入进口依赖程度较高的主要是两类产业：一是比较优势消退、国际竞争力不足的产业，如 2016 年服装、皮革及相关制品业进口中间投入占比为 61.88%，纺织及纺织制品业为 35.88%；二是产业链长、迂回度高、适合国际分工的产业，如电力设备及零配件业进口中间投入占比为49.60%、计算机及电子制品业为 47.96%、机械制造业为 39.24%、汽车及零部件业为 34.28%。以汽车为例，美国在墨西哥布局了大量的汽车零部件生产企业，低廉的海外生产成本成为美国汽车产业维持全球竞争力的重要保障。墨西哥向美国出口规模较大的汽车零部件，包括发动机及部件、传动及动力系统、电气和电子设备、座椅和内饰部件等。与其对比的是一些就近服务市场需求或产业链较短的行业，则进口中间投入占比较低、本地化生产水平较高，如印刷及相关活动业进口中间投入占比为 3.31%，食品、饮料及烟草制品业为 9.88%，纸及纸制品业为 13.84%，非金属矿物制品业为 15.84%，木材制品业为 17.49% 等。原材料产业进口中间投入处在中间水平，如基本金属进口业中间投入占比为 22.54%、石油及煤炭制品业为 20.75%、化学制品业为 20.93%（见表 4-6）。

表 4-6　2016 年美国制造业进口中间投入占比

行业	进口中间投入（百万美元）	中间投入总计（百万美元）	进口中间投入占比（%）
木材制品业	18234	104249	17.49
非金属矿物制品业	18695	117988	15.84
基本金属业	62222	276002	22.54
金属加工制品业	50350	335736	15.00
机械制造业	70364	179323	39.24
计算机及电子制品业	135786	283145	47.96
电力设备及零配件业	52299	105437	49.60
汽车及零部件业	104195	303983	34.28

续表

行业	进口中间投入（百万美元）	中间投入总计（百万美元）	进口中间投入占比（%）
其他运输设备业	30160	116278	25.94
家具及相关制品业	6009	30250	19.86
其他杂项制品业	19198	65958	29.11
食品、饮料及烟草制品业	39825	403220	9.88
纺织及纺织制品业	15812	44068	35.88
服装、皮革及相关制品业	12333	19930	61.88
纸及纸制品业	19059	137747	13.84
印刷及相关活动业	1871	56506	3.31
石油及煤炭制品业	51154	246490	20.75
化学制品业	101329	484094	20.93
塑料及橡胶制品业	31542	203454	15.50

资料来源：根据美国统计局相关数据整理计算而得。

四、当前中国制造业发展的主要特征与趋势变化

（一）制造业占比呈现阶段性回落，产业升级效益总体上并不显著

当前，我国产业体系的演变轨迹、存在问题总体上符合工业化后期的一般规律。从三次产业结构来看，制造业增加值占 GDP 的比重自 2006 年以来总体保持下降态势，2017 年占比为 29.34%，相比 2010 年下降 2.2 个百分点；服务业占比在 2012 年超过工业占比成为经济增长的主要力量，2017 年服务业占比达到 51.63%。制造业占比呈下降趋势存在一定的合理性，进入工业化后期以后，随着要素禀赋和需求结构的变化，支撑制造业快速增长的传统优势逐渐弱化，再加上市场趋于饱和、竞争更加激烈，导致大量资本从制造领域转入服务领域，这又进一步削弱了制造业增长的动力。一般说来，产业升级往往伴随着较高的产业收益，通过主营业务利润率可以进行测度。分析发现，我国制造业主营业务利润率在 2010~2015 年逐年降低，累计下降 1.64 个百分点；2016 年和 2017 年虽有所改善，但是 2017 年的主营业务利润率仍比 2010 年的主营业务利润率低 1.15 个

百分点，产业升级效益总体并不显著（见表4-7）。同时，制造业占比下降也受趋势性变化之外的外生性因素和偶然性因素的影响。由于全球经济低迷和市场需求疲软导致的发展困境，以及由于体制机制原因导致的发展约束，我国经济可能存在不适当、不适时的"去实业""去制造业"问题。特别是当前经济管理体制与工业化后期创新经济快速发展之间的不适应需要引起高度重视。

表4-7　2010~2017年我国制造业规模及效益　　　　单位:%

年份 指标	2010	2011	2012	2013	2014	2015	2016	2017
制造业占GDP的百分比	31.54	31.98	31.42	30.55	30.38	29.38	28.82	29.34
主营业务利润率	7.60	7.29	6.66	6.58	6.16	5.96	6.21	6.45

资料来源：世界银行、《中国工业经济统计年鉴2017》。

（二）产业增长格局具有多样化特征，与消费关系密切的行业增长优势明显

目前，交通运输设备制造业，计算机、通信和其他电子设备制造业，化学原料和化学制品业，电气机械和器材制造业，农副食品加工业是我国制造业5大行业，其主营业务收入合计占规模以上制造业的41.05%。从动态来看，主营业务收入占比增加较快的一类主要是与居民消费密切相关的消费品工业和部分装备制造业，包括文教、工美、体育和娱乐用品制造业，农副食品加工业，医药制造业，食品制造业，交通运输设备制造业，计算机、通信和其他电子设备制造业，2010~2016年主营业务收入占比分别提高了1.12%、0.85%、0.81%、0.45%、0.53%、0.41%；另一类是偏向下游的原材料产业，如非金属矿物制品业、化学原料和化学制品制造业、金属制品业，2010~2016年主营业务收入占比分别提高了0.76%、0.50%、0.57%。主营业务收入占比下降较明显的主要是与固定投资、中间投入密切相关的上游基本原材料工业和部分装备制造业，如仪器仪表制造业，造纸和纸制品业，其他制造业，纺织业，通用设备制造业，石油加工业、炼焦和核燃料加工业，黑色金属冶炼和压延加工业，2010~2016年主营业务收入占比分别下降了0.13%、0.28%、0.56%、0.74%、1.07%、1.53%、3.07%（见表4-8、表4-9）。对比来看，具有消费内生增长性的下游产业，其增长因消费规模扩大和结构升级更具增长韧性；与基础建设、投资需求关系密切的上游产

业，其增长因工业化和城市化进程等变化而更具有阶段性。

表 4-8　2010~2016 年我国主要制造行业增加值占比变化趋势分类

变化趋势分类	主要行业
明显上升	文教、工美、体育和娱乐用品制造业（1.12%），农副食品加工业（0.85%），医药制造业（0.81%），非金属矿物制品业（0.76%），金属制品业（0.57%），交通运输设备制造业（0.53%），化学原料和化学制品制造业（0.50%），食品制造业（0.45%），计算机、通信和其他电子设备制造业（0.41%）
有所上升	纺织服装、服饰业（0.29%），有色金属冶炼和压延加工业（0.28%），酒、饮料和精制茶制造业（0.26%），木材加工和木、竹、藤、棕、草制品业（0.23%），印刷和记录媒介复制业（0.20%），皮革、毛皮、羽毛及其制品和制鞋业（0.17%），家具制造业（0.13%）
基本稳定	电气机械和器材制造业（0.08%）、专用设备制造业（0.06%）、废弃资源综合利用业（−0.09%）、烟草制品业（−0.10%）、橡胶和塑料制品业（−0.10%）
以降为主	仪器仪表制造业（−0.13%），造纸和纸制品业（−0.28%），其他制造业（−0.56%），纺织业（−0.74%），通用设备制造业（−1.07%），石油加工、炼焦和核燃料加工业（−1.53%），黑色金属冶炼和压延加工业（−3.07%）

注：数据为各行业 2016 年与 2010 年主营业务收入占比之差。

资料来源：根据相关年份《中国统计年鉴》数据计算而得。

表 4-9　中国制造业行业结构变化情况（主营业务收入占比）　　单位：%

年份 行业	2010	2011	2012	2013	2014	2015	2016
农副食品加工业	5.72	6.01	6.47	6.61	6.51	6.59	6.57
食品制造业	1.84	1.90	1.97	2.04	2.09	2.21	2.29
酒、饮料和精制茶制造业	1.51	1.61	1.68	1.69	1.67	1.75	1.77
烟草制品业	0.93	0.91	0.94	0.91	0.92	0.94	0.83
纺织业	4.64	4.43	4.00	3.97	3.91	4.03	3.90
纺织服装、服饰业	1.98	1.81	2.15	2.14	2.15	2.24	2.27
皮革、毛皮、羽毛及其制品和制鞋业	1.28	1.20	1.40	1.39	1.42	1.48	1.45
木材加工和木、竹、藤、棕、草制品业	1.18	1.21	1.28	1.32	1.35	1.40	1.41
家具制造业	0.71	0.68	0.70	0.73	0.74	0.79	0.84
造纸和纸制品业	1.68	1.62	1.55	1.42	1.38	1.40	1.40
印刷和记录媒介复制业	0.57	0.52	0.56	0.66	0.69	0.75	0.77

续表

年份 行业	2010	2011	2012	2013	2014	2015	2016
文教、工美、体育和娱乐用品制造业	0.50	0.43	1.28	1.42	1.53	1.60	1.62
石油加工、炼焦和核燃料加工业	4.83	5.11	4.89	4.51	4.20	3.49	3.30
化学原料和化学制品制造业	7.83	8.24	8.41	8.43	8.50	8.42	8.33
医药制造业	1.88	1.99	2.15	2.25	2.39	2.59	2.69
化学纤维制造业	0.83	0.91	0.84	0.78	0.73	0.73	0.74
橡胶和塑料制品业	3.20	3.09	3.00	3.06	3.06	3.12	3.10
非金属矿物制品业	5.16	5.39	5.46	5.71	5.87	5.93	5.92
黑色金属冶炼和压延加工业	8.99	9.04	8.88	8.37	7.60	6.35	5.92
有色金属冶炼和压延加工业	4.81	5.06	5.12	5.19	5.25	5.17	5.10
金属制品业	3.24	3.15	3.61	3.65	3.72	3.75	3.81
通用设备制造业	5.67	5.51	4.72	4.79	4.81	4.74	4.60
专用设备制造业	3.52	3.57	3.56	3.60	3.56	3.61	3.57
交通运输设备制造业	9.08	8.66	8.31	8.36	8.79	9.08	9.61
电气机械和器材制造业	6.95	6.88	6.77	6.77	6.85	6.97	7.03
计算机、通信和其他电子设备制造业	9.10	8.70	8.74	8.67	8.74	9.23	9.51
仪器仪表制造业	1.04	1.02	0.83	0.83	0.85	0.88	0.91
其他制造业 （含金属制品、机械和设备修理业）	0.94	0.99	0.37	0.36	0.35	0.38	0.38
废弃资源综合利用业	0.39	0.36	0.36	0.38	0.38	0.38	0.39

资料来源：根据相关年份《中国统计年鉴》数据计算而得。

（三）多数行业生产效率与规模占比呈一致性变化，效率提高成为消费品工业转型升级的关键支撑

我国劳动生产率提高较快的主要是消费品工业，包括文教、工美、体育和娱乐用品制造业，纺织业，木材加工和木、竹、藤、棕、草制品业，纺织服装、服饰业，印刷和记录媒介复制业，皮革、毛皮、羽毛及其制品和制鞋业，家具制造业，医药制造业，食品制造业，2010～2016 年劳动生产率年均增速分别为20.51%、13.66%、13.23%、12.77%、12.27%、11.98%、10.96%、10.43%、10.17%；此外，还有一些偏向下游的原材料产业，如橡胶和塑料制品业、金属

制品业、非金属矿物制品业、化学原料和化学制品制造业，2010~2016 年劳动生产率年均增速分别为 11.65%、11.49%、11.00%、10.44%。劳动生产率提高较慢的是一些偏向上游的原材料产业，如黑色金属冶炼和压延加工业，石油加工、炼焦和核燃料加工业，化学纤维制造业，2010~2016 年劳动生产率年均增速分别为 3.19%、3.64%、6.23%；还有装备制造业，如计算机、通信和其他电子设备制造业，交通运输设备制造业，通用设备制造业，电气机械和器材制造业，专用设备制造业，2010~2016 年劳动生产率年均增速分别为 7.78%、7.89%、9.05%、9.22%、9.39%（见表 4-10）。从两种变化趋势对比可以发现，生产率快速提升的行业主要是市场化程度高、率先实现数量规模扩张向质量效率增长转变的行业，生产率提升较慢的行业则主要是市场垄断程度高或区域市场严重分割的行业，以及跨国公司对价值链掌控能力较强的行业。

表 4-10　我国制造业行业劳动生产率变化情况

行业	2010 年（万元/人）	2016 年（万元/人）	年均增速（%）
文教、工美、体育和娱乐用品制造业	23.89	73.18	20.51
纺织业	43.43	93.63	13.66
木材加工和木、竹、藤、棕、草制品业	50.36	106.16	13.23
纺织服装、服饰业	26.82	55.15	12.77
印刷和记录媒介复制业	40.77	81.63	12.27
皮革、毛皮、羽毛及其制品和制鞋业	28.00	55.21	11.98
橡胶和塑料制品业	50.22	97.27	11.65
金属制品业	56.99	109.48	11.49
非金属矿物制品业	57.41	107.41	11.00
家具制造业	38.53	71.91	10.96
化学原料和化学制品制造业	100.08	181.64	10.44
医药制造业	65.93	119.56	10.43
仪器仪表制造业	50.64	91.30	10.32
有色金属冶炼和压延加工业	152.28	273.19	10.23
食品制造业	63.30	113.21	10.17
造纸和纸制品业	64.61	115.04	10.09
农副食品加工业	93.95	165.07	9.85
专用设备制造业	63.77	109.26	9.39

行业	2010年（万元/人）	2016年（万元/人）	年均增速（%）
电气机械和器材制造业	69.75	118.41	9.22
通用设备制造业	63.78	107.27	9.05
酒、饮料和精制茶制造业	70.49	114.00	8.34
交通运输设备制造业	95.97	151.33	7.89
计算机、通信和其他电子设备制造业	71.38	111.91	7.78
烟草制品业	266.74	405.15	7.21
化学纤维制造业	114.28	164.26	6.23
废弃资源综合利用业	171.10	222.69	4.49
石油加工、炼焦和核燃料加工业	318.08	394.07	3.64
黑色金属冶炼和压延加工业	157.66	190.33	3.19

资料来源：根据2011年和2017年《中国工业经济统计年鉴》数据计算而得。

　　将制造业行业分别按照生产率增速和主营业务收入占比变化排序，有4个行业排序完全一致，分别为文教、工美、体育和娱乐用品制造业，专用设备制造业，黑色金属冶炼和压延加工业，石油加工、炼焦和核燃料加工业。除这4个行业外，另有10个行业的两者排序差别不大，变化趋势的一致性也较高。值得注意的是，生产率增速较慢的交通运输设备制造业，农副食品加工业，计算机、通信和其他电子设备制造业，它们的主营业务收入占比增加较快，说明这些行业是各地经济竞相发展的主导产业，可能呈现同质化的规模扩张；生产率增速较快的纺织业，橡胶和塑料制品业，木材加工和木、竹、藤、棕、草制品业，皮革、毛皮、羽毛及其制品和制鞋业，它们的主营业务收入占比增加缓慢，说明这些行业可能已经从注重规模扩张向注重质量和效率提升转变（见表4-11）。

表4-11　生产率增速排序与主营业务收入占比排序

行业	生产率增速排序	主营业务收入占比增加排序	两者排序之差
交通运输设备制造业	22	6	16
农副食品加工业	17	2	15
计算机、通信和其他电子设备制造业	23	9	14
医药制造业	12	3	9
酒、饮料和精制茶制造业	21	12	9

续表

行业	生产率增速排序	主营业务收入占比增加排序	两者排序之差
食品制造业	15	8	7
废弃资源综合利用业	26	19	7
化学纤维制造业	25	20	5
非金属矿物制品业	9	4	5
化学原料和化学制品制造业	11	7	4
有色金属冶炼和压延加工业	14	11	3
烟草制品业	24	21	3
金属制品业	8	5	3
电气机械和器材制造业	19	17	2
专用设备制造业	18	18	0
文教、工美、体育和娱乐用品制造业	1	1	0
石油加工、炼焦和核燃料加工业	27	27	0
黑色金属冶炼和压延加工业	28	28	0
通用设备制造业	20	26	−6
家具制造业	10	16	−6
纺织服装、服饰业	4	10	−6
造纸和纸制品业	16	24	−8
印刷和记录媒介复制业	5	14	−9
皮革、毛皮、羽毛及其制品和制鞋业	6	15	−9
仪器仪表制造业	13	23	−10
木材加工和木、竹、藤、棕、草制品业	3	13	−10
橡胶和塑料制品业	7	22	−15
纺织业	2	25	−23

资料来源：根据 2011 年和 2017 年《中国工业经济统计年鉴》数据计算而得。

（四）制造业进口中间投入占比较低，但关键领域对外依赖严重成为转型升级的重要关口

我国制造业进口中间投入占比相比美国偏低，2016 年最高的石油及煤炭制品业占比为 17.05%，这一比例在美国投入产出表 19 个制造业行业中仅排在第 13 位。此外，较高的还有计算机及电子制品业、基本金属业、纸及纸制品业、化学制品业，2016 年进口中间投入占比分别为 16.08%、10.17%、7.32%、7.13%。食品、饮料及烟草制品业，纺织、服装及皮革制品业，医药制品业等行业进口中间投入占比较低，都在 4% 以下，说明这些行业产业链外部关联度较低、本地化程度较高（见表 4-12）。尽管如此，产业链关键环节仍是我国制造业发展短板，突出的表现是重大装备、关键部件和重要原材料的对外依赖度较高，如光学、照相、电影、计量、检验、医疗或外科用仪器及设备、精密仪器及设备的进口/出口为 129.31%，车辆、航空器、船舶及有关运输设备的进口/出口为 104.79%，机器、机械器具、电气设备及其零件的进口/出口为 62.49%。部分工业原材料进口依赖程度也较高，如化学工业及其相关工业的产品的进口/出口为 110.55%，塑料及其制品、橡胶及其制品的进口/出口为 92.18%，贱金属及其制品的进口/出口为 51.13%（见表 4-13）。根据工业和信息化部对 30 多家大型企业 130 多种关键基础材料的调研，有 52% 的关键材料依赖进口，其中，32% 的关键材料技术研发在我国仍为空白；特别是芯片应用领域的进口依赖程度普遍较高，有 95% 的计算机和服务器通用处理器高端专用芯片、70% 以上的智能终端处理器以及绝大多数存储芯片依赖进口。在装备制造领域，高档数控机床、高档装备仪器以及运载火箭、大飞机、航空发动机、汽车等关键零件精加工生产线上 95% 以上的制造及检测设备依赖进口。①

表 4-12　2016 年中国制造业进口中间投入占比

行业	进口中间投入（百万美元）	中间消耗总量（百万美元）	进口中间投入占比（%）
食品、饮料及烟草制品业	41498.13	1393044.79	2.98
纺织、服装及皮革制品业	32081.15	1017912.44	3.15
木材制品业	15693.44	307429.40	5.10
纸及纸制品业	13135.87	179465.04	7.32
印刷及相关活动业	4149.47	84903.85	4.89
石油及煤炭制品业	125280.31	734840.65	17.05
化学制品业	80842.37	1133953.16	7.13
医药制品业	8157.54	222096.55	3.67

---

① 辛国斌. 中国工业基础能力依然薄弱　五方面促进制造业高质量发展［N］. 21 世纪经济报道，2018-07-13.

续表

行业	进口中间投入 （百万美元）	中间消耗总量 （百万美元）	进口中间投入 占比（%）
塑料及橡胶制品业	27309.36	429717.97	6.36
非金属矿物制品业	41993.76	663350.07	6.33
基本金属业	154652.92	1520297.30	10.17
金属加工制品业	26950.91	515580.29	5.23
计算机及电子制品业	209475.80	1302763.48	16.08
电力设备及零配件业	57695.54	885631.52	6.51
机械制造业	58811.65	920520.71	6.39
汽车及零部件业	43889.27	1014656.40	4.33
其他运输设备业	19212.74	306077.20	6.28
家具制造业	6253.70	107789.72	5.80

资料来源：WIOD 数据库。

表4-13　2016年我国不同大类商品进出口情况

类别	出口额 （百万美元）	进口额 （百万美元）	进口/出口（%）
第三类　动、植物油、脂及其分解产品，精制的食用油脂，动、植物蜡	599.96	7040.71	1173.53
第五类　矿产品	30133.15	275689.70	914.91
第十四类　天然或养殖珍珠、宝石或半宝石、贵金属、包贵金属及其制品等	21731.19	79327.27	365.04
第二十二类　特殊交易品及未分类商品	4326.71	12880.75	297.70
第二类　植物产品	24405.11	53889.65	220.81
第九类　木及木制品，木炭，软木及软木制品，稻草、秸秆、针茅或其他编结材料制品等	15050.20	19681.32	130.77
第十八类　光学、照相、电影、计量、检验、医疗或外科用仪器及设备、精密仪器及设备，钟表，乐器等	74389.97	96192.70	129.31
第一类　活动物，动物产品	17617.67	21613.59	122.68
第六类　化学工业及其相关工业的产品	99317.80	109790.77	110.55

续表

类别	出口额 （百万美元）	进口额 （百万美元）	进口/出口（%）
第十类　木浆及其他纤维状纤维素浆，纸及纸板的废碎品，纸、纸板及其制品	21339.65	22818.69	106.93
第十七类　车辆、航空器、船舶及有关运输设备	92887.21	97333.64	104.79
第七类　塑料及其制品，橡胶及其制品	81107.16	74762.38	92.18
第四类　食品，饮料、酒及醋，烟草、烟草及烟草代用品的制品	28546.88	19609.50	68.69
第二十一类　艺术品、收藏品及古物	215.43	137.06	63.62
第十六类　机器、机械器具、电气设备及其零件，录音机及放声机、电视图像、声音的录制和重放设备及其零件、附件	896974.87	560544.78	62.49
第十五类　贱金属及其制品	154411.52	78957.55	51.13
第八类　生皮、皮革、毛皮及其制品，旅行用品、手提包及类似品等	31397.98	9188.66	29.27
第十三类　石料、石膏、水泥、石棉、云母及类似材料的制品，陶瓷产品，玻璃及其制品	44272.18	9184.32	20.75
第十一类　纺织原料及纺织制品	253263.04	28396.34	11.21
第十九类　武器、弹药及其零件、附件	139.26	13.46	9.67
第十二类　鞋、帽、伞、杖、鞭及其零件，已加工的羽毛及其制品等	59442.91	3355.63	5.66
第二十类　杂项制品	146061.35	7517.78	5.15

资料来源：国家统计局官方网站。

五、在竞争合作中加快我国制造业高端化升级

（一）关于中美制造业发展特征的比较结论

第一，美国制造业全面振兴动力不足、基础不牢。国际经验表明，在一国完成工业化进程后，文化、创意、娱乐、健康等产品在消费结构中的占比会进一步

提升，要素条件也从一般劳动力为主导向高素质人力资本为主导演进，这种条件下的产业结构重心必然向科技创新、文化创意、现代金融、健康医疗等服务业领域转移。美国制造业在经济中的占比很难因为政府政策干预而大幅增长，特别是在制造新技术、新范式尚未达到大规模全面替代传统技术与范式的情况下，美国国内的要素资源、技术条件和需求状况短期内尚不足以支撑制造业占比大幅提升。事实上，对于美国等发达经济体来说，相比于制造业规模，其发展质量、控制力和影响力更加关键。由于美国产业处在国际分工的高端位置、美国企业处在全球价值链治理的链主地位，虽然制造业占比出现下降，但是其收益水平却在逐步上升、发展质量也在逐步提高。可以说，当前美国产业结构变化既具有经济发展的阶段性特征，也有基于现实条件的合理性。即使进行大幅度结构调整，全面推进制造业振兴的动力也不足、条件也不具备。需要注意的是，随着要素成本变化和技术变革推广加快，美国 19 个制造行业中有 11 个行业的劳动生产率增速高于制造业总体水平，这或许意味着美国制造业正在孕育新的变化，可能导致其未来的国际竞争优势进一步增强。

第二，我国制造业转型升级进程仍需持续推进。从工业化规律来看，当前我国制造业占比下降符合工业化后期的一般规律，不必过度担心。真正需要考虑的是，在占比规模变化的背后，我国制造业是否实现动能转换、提档升级，是否顺利从要素成本驱动的低端产业发展向创新技术驱动的高端产业发展转变推进。研究发现，多数消费品工业和偏向下游的原材料产业生产率提升较快，产业发展的持续性相对较强，说明其转型升级进程较快。这些行业也是我国市场化程度最高、最具国际竞争优势的部门，市场内生的优胜劣汰机制在产业转型升级中发挥着重要作用。对比之下，一些装备制造产业和偏向上游的原材料产业生产率提升较慢，其转型升级进程相对滞缓，可能与这些行业市场垄断程度较高、国际竞争较为激烈有关。需要说明的是，装备制造业和原材料工业是我国制造业迈向中高端的核心，其转型升级关系着整个制造业的技术更新和装备升级，是我国制造业高质量发展的关键。因此，中国制造业在迈过消费品工业转型升级关口的同时，还必须迈过装备制造和原材料产业高质量发展的鸿沟。

第三，制造业贸易摩擦短期难以扭转中美经贸大局。美国经济再平衡的关键在于提升制造业竞争力、抢占未来发展制高点。这与我国制造业转型升级、迈向中高端形成交会，必将引起中美之间围绕制造业领域频发贸易摩擦。2018 年，美国对华实施的贸易保护措施从最开始的对钢铝产业加征关税扩展到之后的对

500 亿美元对美出口商品征税，再到对 2000 亿美元对美出口商品加征关税。但是，中美制造业经贸格局短时期内难以扭转。这主要是因为美国即便采取系列引导支持政策，在 19 个列入分析的制造业行业中，2010 年以来也仅有 5 个行业保持增加值占比稳定、4 个行业实现占比提升，超过一半的行业都呈现占比下降的态势。由于国内要素条件和国际比较优势的变化，美国实际上并不具备也难以支撑制造业大规模、全领域的复苏或振兴，而我国制造业的综合比较优势和技术升级潜力仍然强大，这在一段时期内都将是难以替代的。因此，中美制造业互相依存的经贸格局很有可能将在一段时期内继续得以保持和延续，但是要高度关注东南亚、南亚等国家对我国的出口替代效应。这些新兴的发展中国家要素成本低廉，再加上对美出口的政策便利，已经开始在部分领域呈现出对"中国制造"加速替代的势头。

（二）促进我国制造业向中高端迈进的对策建议

第一，制造业发展要充分考虑全球经济再平衡因素。资源优化配置是经济增长的源泉，通过国际分工合作在全球范围内整合与配置资源无疑是促进各国经济增长的有效途径和重要手段。长期以来，国际分工不断深化在全球范围内形成了美国等发达国家提供研发创新与现代服务、中国等发展中国家从事生产制造的"中心—外围"分工格局。如果没有全球制造业的支撑，特别是我国制造业的快速崛起，美国等国家的现代服务业不可能达到现有的规模和水平。通过这个分工体系，美国等国家事实上获得了巨大的全球化红利，扭转现有全球分工格局未必有利于发达国家经济发展。另外，在全球贸易保护主义抬头、制造业竞争加剧的背景下，我国制造业面临市场和技术的双重约束。在市场端，由于贸易摩擦加剧、进口替代盛行，我国面向全球市场的生产制造能力存在结构性过剩，出口导向的产业发展模式亟待重构。在技术端，由于全球技术贸易壁垒加深、中美重合产业日渐增多，我国长期依赖技术引进的产业发展路径遇到"瓶颈"，突破技术创新瓶颈既紧迫又面临挑战。因此，我国在推进国内产业结构调整时必须充分考虑当前全球市场以及制造业竞争格局的新变化，既要看到现有国际分工格局的合理性成分，也要看到欧美国家制造业回归、抢占未来发展制高点给我国制造业转型升级带来的影响。

第二，我国制造业亟待转变既往发展模式、重塑竞争新优势。在经济发展失衡的背景下，美国力推制造业回流，这凸显了制造业在国民经济中不可替代的重要作用。制造业既是保持经济稳定、促进研发创新、拉动就业增长的关键力量，也是实现出口创汇、决定综合国力、影响国际竞争力的核心因素。我国继续推进工业化进程、加快劳动力转移、推动国际经贸格局重构，都离不开制造业转型升级、向中高端发展。综合考虑国内国外、长期短期多重因素，我国制造业最重要的是摆脱以往增长模式和发展路径，重塑制造业竞争新优势。从当前的国际环境来看，如果不能实现发展模式与发展路径的转变，我国制造业不仅难以保持固有优势，甚至可能因对外转移而面临"去制造业"和"空心化"问题，并给整个经济发展和现代化进程带来根本性挑战。因此，我国制造业需要抓住新一轮技术创新和产业变革的发展契机，寻求技术、机器、人力资源的合理配置，实现由要素成本支撑的价格竞争优势向技术创新支撑的价值竞争优势转变，同时，加快制造业高端化和高级化进程，重点是在优质原材料、重要基础部件、关键核心装备等领域，以及质量和品牌等方面寻求突破。

第三，当前制造业转型升级关键是要推动装备制造业创新发展。装备制造业技术密集、产业链长、关联度高，为整个制造业提供技术和装备支撑，是"制造能力"和"制造水平"的基础。尽管发达国家先后经历了不同程度的"去工业化"过程，但却始终牢牢掌握着装备制造业的核心竞争力，在技术研发、产品设计、生产制造、品牌标准等方面拥有较强的话语权和主导权。经过多年发展，我国消费品工业已经初步实现转型升级，从大规模、低成本制造向高品质、精益制造的转型步伐不断加快。但是，由于全球竞争激烈、技术差距较大，我国装备制造业仍然存在明显的发展"短板"，在关键装备、重大装备、核心零部件上进口依赖严重。技术装备受制于人，甚至引发了我国在机器人、智能装备、医疗器械等领域的新一轮引进热潮。因此，下一步我国制造业转型升级的关键是聚焦重大需求和"瓶颈"制约，探索产业公地、"互联网+制造"、"制造+服务"等发展路径，推进装备制造业的自主化、高端化、国际化突破，从而夯实整个制造业高质量发展的根基。

第五章　装备制造业和现代服务业的融合发展路径[①]

　　20 世纪六七十年代以来，发达国家装备企业不断加快从制造环节向服务环节拓展延伸，目前产品服务已经成为国外先进装备企业规模扩张和利润增长的重要来源，具有代表性的企业如 GE 公司、罗尔斯·罗伊斯等，产品服务创造的收入约占企业总收入的 2/3。国内也涌现了一些积极开展制造业与服务业融合探索的先行装备企业，如上海电气、陕鼓集团等通过"技术+管理+服务"模式加快向服务供应商转型。总体来看，我国装备企业两业融合发展处在起步推进之中，企业探索实践取得了积极进展，融合发展效应开始逐步显现，涌现了一些融合发展领军企业和典型模式，但是整体水平依然不高，距离发达国家和跨国企业还有较大差距。

一、装备制造业与现代服务业融合发展的主要特征

（一）功能附加性

　　由于装备产品技术水平高、结构复杂、故障面广、应用场景多样，企业既要提供硬件产品，也要叠加相关服务，全生命周期的供应服务链条较长，集成"产品+服务"的特点比较突出。对于需求方来说，购置装备不只是产品购买行为的发生，更重要的是形成新的生产能力、提高生产效率。装备企业在提供装备产品

---

　　① 徐建伟. 推进产业深度融合发展　增强装备制造业核心竞争力［J］. 宏观经济管理，2019（11）：35-41.

的同时，往往还需要提供设计、操作、维护等一系列解决方案，帮助下游用户尽快熟悉和掌握装备产品的性能和特点，[①] 才能释放出装备产品的最大效用。随着智能化和信息化技术的推广应用，装备企业还可以基于云的数据搜集和分析，使客户及时发现生产过程中出现的问题，并予以调整，从而优化生产能力、提高生产效率。为此，越来越多的装备制造企业从产品生产商向解决方案提供商转变，为下游客户提供及时、高效、持续、稳定的技术服务，深度融入客户生产价值链。

（二）链条协同性

装备制造产业链条长、涉及行业部门多、配套协作要求高，既涉及大量的零部件加工，也关系到原材料等基础部门，整机集成企业与配套关联企业在产品研发创新、工艺流程改造、商业模式推广等方面需要深度协同联动。[②] 以汽车为例，其零部件供应体系复杂、层级较多，载货汽车的零部件总数达 7000 ~ 8000 个，轿车零部件总数超过 1 万个。[③] 一些重大关键技术的突破依赖整车企业与零部件企业研发合作。例如，获得 2016 年国家科技进步一等奖的"前置前驱 8 挡自动变速器（8AT）研发及产业化"项目，即由整车企业江铃汽车和零部件企业盛瑞传动技术合作完成。在智能化水平快速提升的背景下，整机企业无论是产品创新升级，还是采用新工艺新技术，或是开展供应链管理，都离不开零部件企业甚至原材料企业的适应性调整和创新发展。

（三）服务专用性

由于技术复杂度高、产品类型多样、客户关系稳定，装备产品在研发设计、工业软件、品牌销售、产品运维等环节具有门槛壁垒高、协作紧密、专用性强等特点，很多服务企业都集中在垂直行业内部。一方面，一些机械装备需求具有非常规、个性化的特点，产品的标准化、通用性程度低，[④] 需要围绕用户需求和实

---

① 秦晓君，崔雪峰，宋枝艳. 做好新型复杂装备技术服务的思考 [J]. 装备学院学报，2016，27 (4)：29-32.

② 徐民兴，刘凌. 加快构筑山东省机械装备制造业产业集群的探讨 [J]. 山东机械，2005 (4)：7-8.

③ 武汉市标准化研究院，等. 努力解决发展不平衡不充分汽车和零部件产业向高质量发展迈进 [N]. 长江日报，2018-09-07.

④ 郑洪树. 项目管理在订单式小批量生产企业的应用研究 [D]. 济南：山东大学，2006.

际问题开展产品研发设计，提供定制化的专业解决方案，如数控机床、发电机、石化设备等；另一方面，部分机械装备还具有基于用户现场的"保姆式"服务的特点，需要提供运行状态在线监测、维护提醒、诊断分析等专业化远程服务，如罗尔斯·罗伊斯积极扩展发动机维护、发动机租赁、发动机数据分析管理等服务，增加服务型收入。[①] 此外，由于部分装备具有重资产特点，需要根据客户实际情况提供个性化租赁产品等配套服务，一些创新型重大装备产品甚至需要金融机构开发具有针对性的保险产品等。

二、我国装备制造业融合发展的现状

（一）装备制造业融合发展总体处于制造业领先水平

根据研究需要，结合国民经济统计分类，我们认定生产性服务业包括运输和仓储业、邮电业、金融业、机械和设备租赁业、计算机及相关活动、研发和其他业务活动，这些行业与装备制造业之间既有技术关联，也有产品和业务关联；关键生产性服务业包括计算机及相关活动、研发和其他业务活动，主要是与装备企业产品研发创新和工艺流程升级密切相关的行业，也是技术关联度比较高、赋能效应突出的行业。对比来看，除其他运输设备制造业外，其余装备制造行业生产性服务投入占比均高于制造业总体水平（6.66%），最高的是计算机、电子及光学设备制造业（9.98%），其次是电气机械及器材制造业（8.62%）。关键生产性服务投入也是如此，多数装备制造行业投入占比都高于制造业总体水平（2.56%），最高的是电气机械及器材制造业（4.48%），其次是机动车辆、拖车和半拖车制造业（4.02%），只有其他运输设备制造业低于制造业总体水平（见表5-1）。整体来看，装备制造行业生产性服务投入占比平均为7.81%，比制造业总体水平高1.15个百分点；关键生产性服务投入占比平均为3.50%，比制造业总体水平高0.94个百分点。

---

① 安筱鹏．基于产品效能提升的增值服务：航空发动机产业的实时在线支持服务［J］．中国信息界，2010（6）：27-30．

表 5-1　2011 年中国装备制造业生产性服务投入占总产出的比重

指标＼行业	制造业	其他机械设备制造业	计算机、电子及光学设备制造业	电气机械及器材制造业	机动车辆、拖车和半拖车制造业	其他运输设备制造业
总产出（百万美元）	11843017	1150023	976355	782465	830812	203646
中间投入　运输和仓储业（百万美元）	267821	28582	25581	18742	12259	3523
邮电业（百万美元）	35889	4234	4063	2375	1477	318
金融业（百万美元）	178998	13943	33461	10944	6890	2946
机械和设备租赁业（百万美元）	1770	203	98	338	65	2
计算机及相关活动（百万美元）	35267	3800	4100	4044	3829	257
研发和其他业务活动（百万美元）	268466	29310	30181	31033	29584	1931
生产性服务投入（百万美元）	788211	80071	97484	67476	54104	8976
生产性服务投入占比（%）	6.66	6.96	9.98	8.62	6.51	4.41
关键生产性服务投入（百万美元）	303733	33110	34281	35077	33413	2188
关键生产性服务投入占比（%）	2.56	2.88	3.51	4.48	4.02	1.07

资料来源：根据 OECD 数据库中国投入产出表计算而得。

（二）装备制造业呈现一般性融合增强、关键性融合下降的变化

近年来，随着产业转型升级步伐加快，产业融合发展格局不断深化，越来越多的服务企业开始切入装备制造产业链，越来越多的装备企业开始采购第三方服务。2010～2015 年，我国装备制造业生产性服务投入占比总体呈现增长态势，从 6.51% 提高至 8.78%。其中，通用、专用设备制造业和仪器仪表及文化办公用机械制造业占比较高，在 2015 年均超过 10%，相比 2010 年分别提高了 4.09 个和 4.68 个百分点。值得注意的是，装备制造业关键生产性服务投入占比从 2010 年的 1.98% 下降至 2015 年的 1.68%，其中，电气机械及器材制造业，通信设备、计算机及其他电子设备制造业关键生产性服务投入占比分别下降了 0.58 个百分

点和 1.10 个百分点，其他装备制造业关键生产性服务投入占比仅呈现微小幅度增长变化（见表 5-2）。这说明我国装备制造业与现代服务业融合层次较浅，快速切入装备产业链的主要是直接服务于市场扩张的服务行业，如物流、金融等，服务于产品研发创新和工艺流程提升的服务行业融合发展相对滞后，成为装备制造业高质量、可持续发展的隐忧。这一问题在高度依赖国外技术引进的电子通信设备制造业表现得更加突出。

表 5-2　我国装备制造业生产性服务投入占比变化　　　　　　　单位 : %

指标　　　　　　行业	通用、专用设备制造业	交通运输设备制造业	电气机械及器材制造业	通信设备、计算机及其他电子设备制造业	仪器仪表及文化办公用机械制造业
2010 年					
生产性服务投入占比	6.11	5.56	6.96	7.67	5.86
关键生产性服务投入占比	1.65	1.50	1.61	3.23	1.36
2015 年					
生产性服务投入占比	10.20	8.08	8.09	8.34	10.54
关键生产性服务投入占比	1.72	1.67	1.03	2.13	1.99

资料来源：根据国家统计局 2010 年和 2015 年投入产出表计算而得。

（三）装备制造业融合发展涌现了一批典型模式和领军企业

由于起步早、发展快，装备制造企业两业融合发展已具雏形，形成了一批具有示范推广意义的典型模式和探索发展的领军企业。在电气机械领域，上海电气集团把系统集成服务作为增强核心竞争力的有效途径，在设备集成、电站工程总承包、设备融资租赁、维修保养、现代物流、工程设计等方面建立起较强竞争优势，如发电设备 EPC 项目（交钥匙工程）等，取得了较好的经济效益和社会效益。2018 年，上海电气现代服务业务实现收入达 170.17 亿元，同比增长24.54%。[①] 在工程机械领域，徐工集团加快向全场景智慧赋能商转型，积极拓展信息化建设、物流供应、融资租赁、再制造等相关领域，通过建设呼叫中心、售

后服务、备品备件管理、远程服务、电子商务平台等，拓延产品价值链，实现从产品制造为主向增值服务协同发展转变。徐工集团旗下工业互联网平台公司——徐工信息，帮助客户管理设备总数超过 61 万台、设备资产总额超过 4000 亿元，2018 年上半年销售收入同比增长 71.67%、净利润同比增长 96.81%。① 在通用及专用设备领域，陕鼓集团创新开发"专业化+一体化"的能源互联岛技术和方案，逐步从卖产品向卖方案、从单一产品供应商向动力成套装备系统解决方案供应商转型，2018 年销售额同比增长 86.30%，工业服务运营占销售订货比重达到 79.16%。② 这些企业通过走融合发展道路，在一定程度上焕发了增长新机、释放了增长潜力甚至重塑了竞争优势。

（四）国内外装备制造业融合发展的差距主要体现在关键生产性服务环节

发达国家两业融合起步早、水平高，路径模式也相对成熟，装备领域更是典型。根据调查公司 AndyNeely 对全球 13000 家制造业上市公司的研究，美国制造与服务融合型企业占制造企业总数的 58%。③ 麦肯锡研究发现，美国制造业从业人员有 34% 在从事服务类工作，生产性服务业投入占整个制造业产出的 20% ~ 25%。我们选取世界装备制造强国——美国进行对比分析发现，2011 年我国装备制造业生产性服务投入占比大致可以分为两类：一类行业投入占比低于美国，包括其他机械设备制造业，机动车辆、拖车和半拖车制造业，其他运输设备制造业；另一类行业投入占比高于美国，包括计算机、电子及光学设备制造业，电气机械及器材制造业。从关键生产性服务投入占比来看，仅电气机械及器材制造业投入占比高于美国，其他装备制造行业投入占比均低于美国（见表 5-3）。总体来看，我国装备制造业生产性服务投入占比（7.81%）相比美国（7.95%）差别不大，但关键生产性服务投入占比显著低于美国，我国只有 3.50%，比美国（5.22%）低 1.72 个百分点。这说明研发创新类服务行业是美国成为装备强国的核心支撑，我国要实现由装备大国向装备强国转变必须在创新赋能效应突出的关键生产性服务业取得融合发展突破。

① 陈绍元. 2018 年上半年营收 1 亿元，徐工信息如何落地工业互联网平台？[EB/OL]. (2018-12-04). https://36kr.com/p/1723002912769.
② 经晓苹. 打破传统制造模式陕鼓实现服务型制造转型 [N]. 中国工业报, 2019-09-02.
③ 陈永广. 发达国家推动制造业服务化的经验及启示 [J]. 中国工业评论, 2015 (11): 40-45.

表 5-3　2011 年中美装备制造业生产性服务投入占总产出比重比较　单位:%

国家	制造业	其他机械设备制造业	计算机、电子及光学设备制造业	电气机械及器材制造业	机动车辆、拖车和半拖车制造业	其他运输设备制造业
生产性服务投入占比						
中国	6.66	6.96	9.98	8.62	6.51	4.41
美国	9.02	8.04	7.98	6.90	6.80	10.49
中国/美国	0.74	0.87	1.25	1.25	0.96	0.42
关键生产性服务投入占比						
中国	2.56	2.88	3.51	4.48	4.02	1.07
美国	5.25	4.82	5.76	3.92	4.18	7.64
中国/美国	0.49	0.60	0.61	1.14	0.96	0.14

资料来源: 根据 OECD 数据库中国、美国投入产出表计算而得。

三、我国装备制造业融合发展存在的主要问题

(一) 核心技术"短板"突出、"瓶颈"制约严重

装备制造作为国际竞争最激烈的领域,也是我国与发达国家技术差距最突出的领域之一。从全球范围来看,美国、德国、日本、韩国在很多装备制造领域都处于国际领先地位,先进的装备制造也是这些国家成为制造强国的核心支撑。例如,德国的西门子、宝必达和 DMG,日本的三菱重工、小松和山崎马扎克,美国的卡特彼勒、GE 和波音等,都是具有全球影响力和世界声誉的装备制造企业,引领着全球机械装备创新发展的趋势和潮流。我国装备制造业虽然门类齐备、产品齐全、规模庞大,但技术"短板"始终是产业发展的重大制约。在汽车领域,汽车制动系统、发动机、电控系统、尾气处理装置等关键技术和部件长期被日本和德国企业垄断,在智能网联汽车、无人驾驶汽车的关键核心技术上形势也不容乐观。在集成电路领域,PC 和服务器的 CPU 芯片以及智能手机等移动终端的存储芯片高度依赖进口。在人工智能领域,以霍尼韦尔、西门子、ABB 等为代表的

国际传感器巨头牢牢占据市场垄断地位，[①] 国内企业尚未在传感器核心技术上取得关键性突破。

（二）高端软件发展滞后、"卡脖子"问题突出

由于认识不足、重视不够、支持不力，我国工业软件发展滞后，长期依靠国外引进，已成为装备制造业的"软肋"和"卡脖子"环节。大型工业软件是支持制造业运行优化和全过程集成的核心软件，是高端装备制造全生命周期中数据源生成、加工、共享和增值不可或缺的工具和基础。[②] 在国内自主软件发展不足的情况下，国外大型工业软件公司凭借其集设计技术、工艺流程和技术数据为一体的产品竞争优势，几乎全面占领了我国飞机、船舶、冶金、化工、生物医药、电子信息制造等重点制造领域的设计软件市场，并且逐渐形成了平台化的优势。[③] 目前，我国高端装备制造的设计软件市场超过95%的份额被美国、德国、法国等软件公司的产品所占据，包括底层操作系统、计算机辅助软件（CAX）、制造执行系统（MES）等。其中，研发设计领域最为重要的两个软件工具——计算机辅助设计（CAD）和计算机辅助仿真（CAE），始终被欧美先进国家掌控，并由此掌握产业布局的主导权。例如，全球芯片设计需要的EDA软件主要有Cadence、Synopsys、MentorGraphIc，为美国和德国企业所主导；电子电路模拟仿真（TCAD）软件主要有Silvaco、Synopsys、Crosslight、Solido Design，由美国和加拿大企业所控制。[④] 在生产控制领域，尽管南瑞、宝信、石化盈科等国内企业开始取得发展，但是相比西门子等跨国企业依然存在明显差距。[⑤]

（三）综合集成能力偏低、核心竞争力不强

系统集成与分包能力体现着价值链的治理和掌控能力。由于我国工业管理缺乏协同，部门分割长期存在，在机械与电子、整机与部件、装备与原料之间都存在各自发展、相互脱节的情况。事实上，装备制造业具有很强的终端行业属性，是机械、电子、零部件、原材料、基础工艺等发展水平的集成展现。如果说装备

---

① 朱明皓．中国应防范信息安全"受制于人"［N］．中国工业报，2017-02-16．
② 孙家广．高端工业软件打破国外垄断，抢占竞争制高点［N］．中国电子报，2018-11-15．
③ 胡可一．关于自主开发大型工业软件的建议［EB/OL］．（2019-03-06）．http://www.mjshsw.org.cn/n2967/n3045/n3265/n3281/u1ai1906721.html．
④ 王健辉．电子设计软件EDA是芯片产业皇冠上的明珠［R］．2019-07-12．
⑤ 王云侯．中国工业软件发展现状与趋势［J］．中国工业评论，2018（Z1）58-63．

制造业是串联、整合、重塑制造业各行业的灵魂载体，那么失去综合集成能力的装备制造业则仅仅是拼装、堆砌各行业产品，联动协同、融合重整的发展效应更是无从谈起。受产业发展不协调不协同影响，我国装备制造业全产业链发展体系不畅，关键环节支撑带动能力不足，除电力设备、轨道交通设备等少数领域外，很多装备制造企业高度依赖进口国外部件材料甚至工艺流程和产品设计，从综合集成企业退变为加工组装车间，从精密高端制造退变为一般生产制造，产品缺乏核心竞争力、低水平扩张、同质化竞争严重。以物流装备集成为例，国内大部分市场被胜斐迩、大福、德马泰克、瑞仕格、范德兰德等国际知名集成商占领，国内集成商则研发设计能力不足、产品功能简单、技术水平较低。①

（四）增值服务开发不足，发展空间受限

当前，装备产品竞争已经更多地集中到外延服务环节，外延增值服务既对产品竞争力有着重要影响，也是企业提高获利能力的重要支撑。由于我国装备制造业在全球分工体系中长期锁定在加工组装环节，"微笑曲线"两端主要交由跨国公司和外国企业来完成，国内装备企业整体缺乏服务意识，既存在对增值服务环节重视和投入不够的问题，也存在服务化转型能力不足的问题，产品价值链条由制造到服务的延链拓链较为滞后。相比全球领先制造企业服务收入占总收入30%左右的平均水平，国内装备制造企业服务收入占比一般不超过10%②，一些装备企业的增值服务尚在探索中，对收入和利润增长的贡献率偏低。由于许多装备制造企业沿袭大而全、小而全的封闭式内源化发展路径，导致装备增值服务的专业化和社会化程度偏低，制约了增值服务业上规模、上层次、上水平。目前，国内装备企业提供的增值服务主要局限在产品安装和操作服务、检测与诊断维修服务等初级领域，相对高端的设计咨询、软件开发、数据分析等增值服务发展滞后。一部分装备制造企业甚至认为，加大增值服务的投入会给企业带来更多未知的经营风险，企业宁愿从销售物品获得短期利润也不愿意提供服务以获取中长期利润。一部分经济效益较好的装备企业，在更多情况下会将资本投入房地产、金融等利润较高的行业领域，而不愿意对多元化增值服务环节做过多的投入。③

---

① 彭星煜. 智能物流装备兴起，千亿市场波澜壮阔［R］. 2016-07-28.
② 德勤，中国机械工业联合会. 2014中国装备制造业服务创新调查［R］. 2014-11-21.
③ 魏红英. 提升装备制造业增值服务发展能力的若干对策思考［J］. 企业改革与管理，2015（9）：
165-166.

（五）产品供需对接不畅，供给弹性偏低

装备制造业具有很强的实践性，需求对于装备创新具有不可替代的引导和拉动作用。用户使用过程中发现的问题及解决方案是装备产品创新的重要来源。装备制造业转型发展的一个重要方面是由以产品为中心向以客户为中心转变，为此需要深刻理解客户需求和行为模式，并实施深度的供需交流互动。由于我国装备制造行业长期处于卖方市场，导致很多装备制造企业重生产轻需求，产需协作不紧密，用户、供应商甚至是服务商和分销商在产品创新发展中的作用没有得到有效发挥。同时，由于我国装备企业信息化程度普遍不高、客户数据积累有限、数据分析和运用精细度不高，这也导致装备企业在上下游联合研发、产品个性化定制、产需有序衔接等方面发展滞后。供给需求之间的大面积长期错配，一方面致使低端产品供给过剩，企业陷入产品同质竞争、比拼成本价格、微利脆弱循环的发展状态；另一方面致使企业难以转向创新驱动、需求引领的发展路径，高端产品供给不足的问题非常突出。以输变电装备为例，我国高压开关企业总数超过1000余家，企业多而分散、优势资源集中度低、低端产能严重过剩，① 在重大装备和新型产品上研发投入不足、差距明显，如 252 千伏及以上电压等级断路器，国内企业相比西门子、阿尔斯通、ABB、阿海珐等国外企业在产品质量和可靠性上还存在较大提升空间。

四、推进装备制造业融合发展的主要路径

装备制造业是制造业与服务业融合发展的重点行业，也是融合发展路径模式探索的先行行业。推进装备制造业与现代服务业融合，应以增强核心竞争力、提高产业链水平为导向，立足装备制造的产业特性，顺应转型升级的方向趋势，聚焦发展存在的问题制约和薄弱环节，通过育强多元主体、创新路径模式、优化融合生态，加快核心技术"破瓶颈"、工业软件"补短板"、系统集成"强能力"、柔性生产"转方式"、增值服务"拓空间"，实现装备制造业由制造企业主导向

---

① 康鹏举，杜文钊."龙头生态"战略新时代中国装备制造业面临重大创新窗口期［J］.中国机械：装备制造，2018（10）：78—82.

制造企业、软件开发商、系统集成商协同发展转变，由提供装备产品向提供"产品+服务"整体解决方案转变，由成本价格等初级竞争优势向技术、服务、生态等核心竞争优势转变，助力装备制造业转型升级和高质量发展。

（一）多渠道搭建技术研发创新平台，推进核心技术攻坚

装备制造业转型升级的首要任务是突破关键核心技术的"瓶颈"制约。要依托装备制造优势企业和领军企业，积极对接国内外高水平大学、跨国公司、研发机构和行业协会，联合组建技术创新中心、产业创新中心等产业创新平台和研发创新联盟，建立优势互补、风险共担、利益共享的产学研用合作机制，推动各类创新主体协同合作，提升重大关键装备和高端新兴装备创新能力。聚集整合业内外资源搭建关键共性技术研发平台，加强重大关键装备基础理论与共性技术研究，围绕基础性、战略性、全局性领域开展联合创新攻关，重点突破一批当前急需、制约长远发展的重大装备技术和关键部件。紧密围绕应用需求，加强研发与应用衔接，完善科技成果和知识产权评估、交易、仲裁、咨询、担保等配套服务的科技中介机构和科技成果转化运行机制，提供研发创新、转移转化、知识产权、资源共享、检验检测、工业云信息等服务，促进创新成果知识产权化、产品化、产业化。进一步加强和深化国际交流，在技术标准、人才培养、知识产权、产业应用等方面开展国际合作。

（二）加快推动工业软件创新突破，推动"软硬"协同发展

工业软件是装备工业的硬伤和"短板"所在，亟待予以重点突破。要创新体制机制，着眼长期、持续投入，推动装备、自动化、软件、信息技术等不同领域企业紧密合作、协同创新，开展工业软件攻关。面向装备智能化和高端化发展需要，加快发展制造基础软件、研发设计软件、制造执行、车间设备控制、数据管理软件、供应链管理软件等高端工业软件，培育壮大平台软件、应用系统、开源社区等新兴业态。加强软件企业与制造企业协同合作，依托装备制造企业的生产制造、数据信息、经验累积等优势推进工业软件研发，利用国内市场积极推进国产工业软件先试先行，通过市场化推广应用加快国产工业软件改进提升。推进信息技术集成应用，加快重点工业设备、企业业务系统上云步伐，丰富和发展工业应用程序创新生态，培育一批通用和专用工业应用程序。运用新型工业软件对现有装备进行适应性改造，提升现有装备的可接入水平和装备间的数据交互能力。

（三）重点发展系统集成和总包服务，提升产业链竞争水平

提高系统集成能力是增强装备制造业核心竞争力的紧迫任务和有效途径。顺应装备产业转型发展和增强核心竞争力的需要，提高装备系统设计、集成、测试和总装能力，开展"项目工程设计＋工程施工＋设备选型＋设备制造＋安装维护＋使用服务"一体化集成服务。推动装备制造企业、软件供应商、工程公司等拓展系统集成服务，引导装备制造企业发展成套装备"交钥匙"工程以及总集成、总承包服务，深化工程总承包公司、软件开发商与装备制造企业紧密合作，提高系统设计开发能力、供应链整合能力和产品标准化水平，实现由"单台设备制造商"向"系统集成供应商"和"成套设备服务供应商"转型。分行业培育一批专业性强、精益求精、特色鲜明的产品技术服务型、系统咨询型、应用产品开发型系统集成商，深化与装备制造企业和软件开发商的协同合作，推进重大新型装备、核心软件、工业互联网的集成应用。

（四）提高装备柔性个性化生产能力，优化供需协同关系

装备制造业具有显著的订单式生产特点。适应装备产品下游领域多、应用场景差异大的特点，推动装备制造企业开展模块化设计、柔性化生产和个性化定制，实现供需两侧和产销两端的高效衔接。鼓励装备制造企业和集成供应商优化产品设计，增加优质新型产品有效供给，满足不同群体不断升级的多样化消费需求。引导企业建立基于网络的开放式个性化定制平台，加强用户需求管理，精准感知、快速获取用户实际需求，根据用户订单进行自动排产、生产物料供应、产能优化排产。提高装备行业网络协同制造水平，推动装备制造龙头企业搭建网络化协同制造公共服务平台，面向细分行业提供特色云制造服务，加快研发设计、生产制造、销售服务等全流程的信息共享和业务协同，提高装备制造业的产能利用效率、生产制造弹性和客户响应速度。

（五）推动专业化增值服务创新发展，激活服务增长空间

在新技术驱动下，装备增值服务将迎来巨大成长空间。大力拓展装备增值服务，完善全生命周期服务链条，将激活释放出装备产业二次发展的新空间。鼓励企业在装备产品设计和制造过程中强化服务理念、增加服务投入，拓展装备产品服务化功能，提升技术装备服务价值。结合互联网、物联网、云计算等新技术拓

展装备服务新领域，提供无人值守、状态监测、数据处理、故障诊断与自动修复等装备远程运维增值服务。引导企业围绕装备产业链前后端环节，积极发展研发设计、试验验证、设备采购、认证监理、节能环保、市场营销、品牌运作、科技咨询、现代物流等专业服务机构，提高全生命周期增值服务在装备价值中的比重。鼓励具备条件的装备制造企业建立企业财务公司、金融租赁公司等金融机构，推广大型制造设备、生产线等融资租赁服务。

第六章　基于传统产业升级的城市钢厂发展研究[①]

钢铁工业上游和下游分别连接着采掘业和制造业、建筑业，是国民经济最重要的基础原材料部门。在产业发展初期，钢铁工业布局主要有接近原料产地的资源型布局模式、靠近消费区的市场型布局模式，以及借助海运优势发展起来的临海型布局模式，后者实际上兼有接近原料和靠近消费区的特点。第二次世界大战之后，越来越多的钢铁生产基地在沿海地区布局建设，一些内陆钢厂也搬迁至沿海地区。同时，钢铁企业大型化在很长一段时期内成为钢铁工业发展的主要潮流，部分单体钢厂的规模甚至超过 1000 万吨。近年来，随着钢铁技术创新演变、市场需求不断升级、环境治理更趋严格等，全球钢铁工业布局呈现出一些新的特点和趋势，钢铁企业与城市建设的关系在空间分离、城市环境、功能衔接等方面也发生深刻调整，亟待予以总结和归纳。城市钢厂是我国钢铁工业的重要组成部分，如何把握全球钢铁工业布局的新特点和新趋势，如何在布局优化、转型升级、提升竞争力等方面对城市大型钢厂进行调整，值得深入研究。

一、钢铁企业布局的主要影响因素及其变化

（一）便利的交通运输条件仍是影响钢铁企业布局的主要因素

钢铁产业具有高资源消耗特征，大宗运输需求旺盛，运输成本影响较大。从

---

① 徐建伟，计晶韵，郇环. 全球钢铁企业布局的新特点及城市钢厂发展启示［J］. 开发研究，2017（6）：41-48.

上游来看，钢铁生产需要大量的铁矿石、煤炭、石灰石等资源，原料采购运输量较大。从下游来看，钢铁作为基础材料，是生产制造、城市建设、建筑施工的主要投入品，成品运输量也较大。一般来说，每生产 1 吨钢材，钢铁企业至少需要 3 倍的原料物资保障与消耗，因此钢铁行业物资运输量是钢铁总产量的 4~5 倍乃至以上。[①] 受全球铁矿石开采和冶炼布局影响，铁矿石以海运为主，运量大、占比高，被称为海上干散货运输之王。以我国为例，南非、澳大利亚、巴西等主要矿石产地运距较远，澳大利亚至中国的海运距离为 3600 海里[②]，南非为 8000 海里，巴西为 11000 海里。因此，大型钢铁企业布局具有典型的运输指向特别是港口指向特征。

（二）技术发展和规模效应变化使钢企布局有一定弹性空间

自 20 世纪下半叶以来，一些美欧钢铁公司开始推行短流程钢厂。短流程钢厂采用电弧炉直接将废钢炼成钢水，通过连续铸造机制成半成品钢坯，再进一步轧制成各种钢材。短流程钢厂具有许多优点，包括更容易控制冶金过程、减少能源消耗和污染排放、具有更高的生产灵活性。通过生产工艺创新，短流程钢厂生产的产品在质量和等级上已经可以和钢铁联合企业进行竞争。同时，随着市场环境变化，钢铁产品需求呈现定制化、小批量、多品种等新特点，交货周期越来越短。[③] 为满足市场需求新变化，钢铁企业不断加大柔性生产探索力度，优化生产组织和工艺技术，加快电炉小型钢厂发展甚至开始推行微型钢厂。在技术和市场两方面影响下，短流程钢厂可以建设在更靠近市场的地方并保持较高竞争力。

（三）环境影响在钢企布局调整中正变得越来越重要

钢铁工业是典型的流程制造工业，废弃物多且污染排放大，与火电、水泥、石化、化工、有色等均为重污染行业。2014 年，黑色金属冶炼及压延加工业占我国全部工业废气、二氧化硫、氮氧化物、烟（粉）尘、固体废物排放量的比重分别为 26.17%、13.57%、7.67%、33.68%、13.99%。这些排放物占用大量土地资源，并对空气、水体、土壤环境造成严重污染，部分地区资源环境承载力已达极限。针对这些问题，越来越多的钢铁企业按照高效、绿色、可循环的要

---

① 高金．钢铁行业物资运输现状、发展及建议［J］．中国钢铁业，2013（12）：8-10.
② 1 海里＝1.852 千米。
③ 王培勇．钢铁企业轧线产能规划模型及算法研究［D］．上海：上海交通大学，2013.

求，推进工艺升级和流程改造。例如，欧盟的超低二氧化碳炼钢项目、日本的环境和谐型炼铁工艺技术项目；韩国现代制铁唐津钢厂以绿色钢厂为理念，建成了全封闭型原料处理设备以及彻底隔绝噪音与灰尘系统。此外，一些与城市发展不符的钢铁企业正在推进整体搬迁或重污染工序搬迁改造，如首钢、青钢、石钢、杭钢等。

（四）与城市功能协调成为钢企布局调整的新考量

由于历史原因，一些钢铁企业建立在大城市附近，但是随着城市化进程加快和钢铁企业规模扩大，部分城区与钢铁厂区已无缓冲空间。有的城市建成区已经将钢厂包围起来，形成现代都市中畸形发展的城市钢厂。部分城市钢厂与城市发展定位不符，钢厂与城市功能不协调的矛盾日益凸显，在城市格局、产业结构、资源环境、能源保障、土地开发、交通运输等方面表现突出。一方面，受土地供应紧张、用工成本上升、物流运输"瓶颈"等因素制约，城市资源和基础条件已难以支撑钢铁企业发展；另一方面，随着城市发展步入高级阶段，城市综合功能升级、服务用地扩张、发展环境改善意愿日渐加强，钢铁企业布局扩张与城市功能延伸升级难以兼容甚至形成激烈冲突。

二、全球主要钢铁企业生产布局情况

（一）临近海港布局的大型钢铁联合企业

日本的新日铁住金、日本钢铁工程控股和韩国的浦项制铁、现代制铁是典型的临海布局钢铁联合企业。作为日本第一大钢铁企业，新日铁住金粗钢产量居全球钢铁企业第4位，在技术先进性、成本竞争力、全球化战略等方面优势明显，在高产量、高效率高炉集中生产方面处在全球领军位置，堪称世界钢铁领域的一面旗帜。新日铁的钢铁厂绝大多数位于沿海地区，如室兰钢厂、名古屋钢厂、八幡钢厂、大分钢厂（见表6-1）。钢铁厂在临海地区大规模集中布局，能够快速高效地进口原燃料和出口产品，从而起到降低成本、提高竞争力的作用。虽然新日铁在东京也有生产布局，但是以下游的无缝钢管为主要业务，能耗相对较低、污染较小、占地较少，原料主要是采购沿海地区生产的圆管坯。再如现代制铁，在韩国拥有仁川、浦项、唐津、顺天、蔚山、礼山 6 大生产基地，除礼山工厂外其余基地均为临海布局。在全球范围内，临海布局的大型钢铁联合企业保持了较强的竞争力，效益水平较高。如浦项制铁光阳制铁所是全球粗钢产量最大的单体生产厂之一，钢厂从原料场、烧结、焦化、炼铁到炼钢、轧制各生产环节采取直线形排列、布局紧凑，保证了较低的生产成本和较高的生产效率。在 1986~2016 年，浦项制铁平均营业利润率为 14.58%，即使在经济危机时期全球大多数钢铁企业出现亏损，浦项制铁依然保持较强的盈利能力。①

表 6-1　新日铁钢厂布局及生产情况

钢厂	地理位置	生产情况
大分制铁所（大分地区）	大分县大分市，非主城区，临海布局	年粗钢产量 750 万吨，主要生产设备有高炉、转炉、连铸机、中厚板轧机、热轧机
君津制铁所（君津地区）	千叶县君津市，非主城区，临海布局	年粗钢产量 600 万吨，主要产品有汽车板、管线钢等
名古屋制铁所	爱知县东海市，非主城区，临海布局	年粗钢产量 600 万吨，建有热轧、冷轧生产线，产品以汽车板为主
八幡制铁所	福冈县北九州市，非主城区，临海布局	年粗钢产量 401 万吨，产品以汽车、家电用钢为主，主要设备有高炉、转炉、连铸机、热轧机、冷轧机、镀锡板生产线等
室兰制铁所	北海道室兰市，非主城区，临海布局	年粗钢产量 140 万吨，主要设备有高炉、转炉、连铸机、线材轧机、棒材轧机等
广畑制铁所	兵库县姬路市，非主城区，临海布局	年粗钢产量 100 万吨，主要设备有冶炼炉、连铸机、热轧机、冷轧机、电工钢板轧机、镀锡线、电镀锌线等
大分制铁所（光地区）	山口县光市，非主城区，临海布局	主要设备有热挤压机组、中口径电阻焊管机组、小口径电阻焊管机组
鹿岛制铁所	鹿岛市，非主城区，临海布局	主要产品有热轧板，以及用于家电、厨房器具、汽车排气系统的铬系薄板
君津制铁所（东京地区）	东京都板桥区，主城区边缘，非临海布局	主要设备有无缝钢管机组

资料来源：笔者整理得到。

---

① 陈坚钢. 平均利润率达 14.58%——这家钢企怎样做到连续 31 年盈利？［EB/OL］. （2017-06-25）. http://www.sohu.com/a/151830444_611198.

（二）临近市场布局的大型钢铁联合企业

美国钢铁公司（USS）和蒂森克虏伯是典型的临近市场布局的内陆大型钢铁联合企业，2016 年粗钢产量分别为 1422 万吨和 1724 万吨，居全球钢企第 24 位和第 15 位。作为北美最大的综合性钢铁企业之一，USS 有 100 多年的钢铁生产史，高峰时期占美国钢产量的 65%。自 20 世纪 80 年代开始，由于主业市场萎缩、竞争力下降，企业通过一系列重组减少国内粗钢产量，加快多元化业务布局。目前，USS 在本土下辖 5 个综合性钢厂，分别是加里钢铁厂、大湖钢铁厂、蒙瓦利钢铁厂、格拉尼特城钢铁厂、费尔菲尔德钢铁厂，[①] 除费尔菲尔德钢铁厂为临海布局外，有 2 家位于五大湖附近，2 家位于中部内陆地区（见表 6-2）。蒂森克虏伯一度是欧洲最强劲的钢铁企业，被称为"世界钢铁大王"，但企业正在经历去钢铁化和产业精深化进程，钢铁业务占集团总收入的比重从高峰时的60% 下降到 20% 左右。为降低生产成本，蒂森克虏伯关闭了蒂森钢铁厂、埃森炼焦厂等企业，还计划关闭位于波鸿、杜伊斯堡、胡滕海姆的部分特厚板生产线。蒂森克虏伯在熟练技术工人、接近下游用户及下游业务、高附加值产品等方面具有全球领先的竞争能力。从能源环保来看，蒂森克虏伯是世界上能源、水资源利用效率最高、副产品和废弃物管理最好的联合钢铁企业之一，高炉炼钢法所需能耗和废气排放都已接近理论最低值。[②] 为推进无废品生产，蒂森克虏伯积极开发新型高炉，将钢铁生产过程中的铁尘和污泥转换成生铁。

表 6-2　美国钢铁公司钢厂布局及生产情况

工厂	地理位置	生产情况
加里钢铁厂	印第安纳州，非主城区，邻近密歇根湖	粗钢产能约 750 万吨，主要产品有薄板、镀锡板、中厚板、焦炭
蒙瓦利钢铁厂	宾夕法尼亚州，非主城区	年产能 260 万吨，建有连轧连铸生产线
格拉尼特城钢铁厂	伊利诺伊州，主城区	年产能 252 万吨，主要产品有薄板、焦炭等
大湖钢铁厂	密歇根州，邻近伊利湖	年产能 340 万吨，主要产品有薄板等
费尔菲尔德钢铁厂	康乃迪克州，临海布局	年产能 240 万吨，主要产品包括薄板、钢管

---

① 曲余玲，毛艳丽，张东丽，王涿．美国钢铁公司技术和产品研发现状［J］．冶金管理，2011（5）：26-29.

② 冶金管理编辑部．蒂森克虏伯钢铁集团的可持续生产［J］．冶金管理，2008（6）：13-15.

续表

工厂	地理位置	生产情况
USS-POSCO 工业公司	匹兹堡，非主城区，临江布局	年产能 135 万吨，主要产品有优质冷轧、镀锌薄板、镀锡板等
PRO-TEC 镀层公司	俄亥俄州	年产能 108 万吨，主要产品有镀锌板等
Double Eagle 钢涂镀公司	密歇根州	年产能 78 万吨，主要产品有电镀锌钢板
Double G 镀层公司	密西西比州	年产能 28 万吨，主要产品有热镀锌板等
Baycoat 有限公司	安大略湖	年产能 25 万吨，为扁轧钢卷提供彩涂加工
Feralloy 加工公司	印第安纳州	年产能 24 万吨，为热轧中厚板提供剪切、矫直服务

资料来源：笔者整理得到。

（三）临近资源布局的大型钢铁联合企业

俄罗斯铁矿、煤炭资源极为丰富，在此基础上发展起新利佩茨克钢铁集团（NLMK）、马格尼托哥尔斯克钢铁公司（MMK）、谢韦尔钢铁公司等企业，均为典型的临近资源布局的内陆大型钢铁联合企业。NLMK 是俄罗斯最大的综合性钢铁生产企业，拥有炼铁、钢坯、热轧、冷轧、镀锌、彩涂等全流程生产线。2016年，NLMK 粗钢产量 1664 万吨，居全球钢企粗钢产量第 16 位。通过并购上游矿山开采企业提高原燃料自给率，是 NLMK 保持钢铁产品竞争力的重要来源。NLMK 并购企业涉及冶金白云石、石灰石、铁矿石、焦煤等资源，目前企业的铁矿、焦炭和冶炼用熔剂自给率均达到 100%。从布局来看，NLMK 自有铁矿石产地距离利佩茨克市仅 350 千米，大幅降低了企业的生产成本。另外，新利佩茨克周边地区重工业发达，NLMK 具有临近主要市场消费的便利条件，能够就近供给下游厂商，有效降低了产品运输成本。2016 年，MMK 粗钢产量为 1254 万吨，居全球钢企粗钢产量第 29 位。最初 MMK 所用铁矿来自附近的马格尼特山，后改用库斯塔奈和库尔斯克的铁矿石，焦煤来自库兹巴斯和卡拉干达。这些铁矿属于富矿和易选矿，铁精矿含量可达 65%左右，且开采运输成本低、易于冶炼，这对钢铁企业竞争力形成强力支撑。例如，MMK 距离库斯塔奈矿区仅 280 千米，远低于全球海运几千海里的运输距离。

（四）临近原料与市场的短流程钢铁企业

美国纽柯钢铁公司总部设在北卡罗来纳州夏洛特，采取以废钢为主要原料的短流程炼钢工艺，成为"小钢厂"发展模式的典型代表。纽柯公司于 1969 年投产了全球第一个短流程钢厂，年产能 20 万吨，钢水主要用于建筑材料生产。① 通过一系列兼并收购，2014 年纽柯钢铁公司产能达到 2880 万吨/年，超过美国钢铁集团成为美国第一大钢铁企业。为获取充足的废钢资源，2008 年纽柯收购了美国最大的废旧资源回收公司 David Joseph Company。纽柯还在推进直接还原铁（DRI）替代废钢战略，在特立尼达、路易斯安那州建立直接还原铁厂，规模分别为 200 万吨和 250 万吨。2016 年，纽柯钢铁粗钢产量为 2195 万吨，居全球钢企第 12 位，主要产品包括棒材、薄板、中厚板及结构钢。与传统生产流程相比，电炉炼钢短流程所需固定资本少、劳动生产率高，因此生产成本较低、企业效益较好。2016 年，纽柯钢铁净利润为 7.96 亿美元，处在业内较高盈利水平之列（见表 6-3）。

表 6-3　美国纽柯钢铁公司钢厂布局及生产情况

工厂	地理位置	生产情况
迪凯特钢厂	亚拉巴马州	年产能 50 万吨，建设热镀锌生产线
克劳福兹维尔钢厂	印第安纳州	年产能 75 万吨，主要产品有碳钢、不锈钢
伯克利厂	南加州伯克利	年产能 150 万吨，建有紧凑式带钢生产线，生产 1830 毫米薄板产品
赫德福德厂	北卡罗来纳州	年产能 160 万吨，生产碳钢、合金钢、高强钢和低合金钢中厚板
DRI 生产厂 Nu-Iron	特立尼达岛，就近获取天然气供应及巴西铁矿石	年产能 200 万吨，建有直接还原炼铁生产线
希克曼钢厂	阿肯色州布莱斯维尔，密西西比河畔	年产能 220 万吨，主要产品为碳钢、高强度低合金、热轧板
圣詹姆斯教区直接还原铁厂	路易斯安那州圣詹姆斯教区	年产能 250 万吨，建有直接还原炼铁生产线

资料来源：笔者整理得到。

三、当前全球钢铁企业布局的主要特点

（一）超大型钢铁联合企业以沿海布局为主且具有出口导向特征

由于日本、韩国国土面积狭小，钢铁生产原料均从国外进口，大量钢材产品

---

① 朱婷婷，韩晓杰. 美国纽柯钢铁公司技术发展历程［J］. 世界钢铁，2013，13（5）：67-72.

面向海外出口，它们的钢铁企业多倾向于沿海布局且追求单体钢厂生产规模最大化。2016年，新日铁住金、浦项制铁、日本钢铁工程、现代制铁粗钢产能分别达到4616万吨、4156万吨、3029万吨和2009万吨。其中，新日铁名古屋制铁所、君津制铁所、大分制铁所粗钢产能均超过600万吨，现代制铁唐津钢厂产能为1500万吨，浦项制铁浦项钢厂、光阳钢厂产能分别为2100万吨和1900万吨。日本、韩国钢厂最大的高炉容积都在5000立方米以上，有的甚至超过5500立方米（见表6-4），生产工艺为包括焦化、烧结、高炉冶炼、转炉炼钢、连铸连轧在内的全流程生产。这类钢铁企业多具有出口导向特征，日本钢铁工程钢材出口约占总产量的一半，新日铁、浦项制铁出口占比超过40%，现代制铁出口占比约为30%。目前，这类钢铁企业竞争力处在全球领先水平，根据世界钢动态公司（WSD）2017年发布的数据，浦项制铁竞争力连续8年稳居全球第一，新日铁和日本钢铁工程分别居于第5位和第7位。

表6-4　全球容积超过5500立方米的高炉分布

钢铁企业	数量	具体分布
浦项制铁	5座	光阳厂1号炉（6000立方米）、4号炉、5号炉（5500立方米）；浦项厂3号炉、4号炉（5600立方米）
新日铁住金	3座	大分厂1号炉、2号炉（5775立方米）；君津厂4号炉（5550立方米）
日本钢铁工程	1座	福山厂5号炉（5500立方米）
蒂森克虏伯	1座	韦尔根厂2号炉（5513立方米）
谢维尔钢铁	1座	5号炉（5580立方米）
首钢京唐	2座	1号炉、2号炉（5500立方米）
沙钢	1座	华盛钢厂高炉（5860立方米）

资料来源：笔者整理得到。

（二）部分内陆钢铁企业竞争力因原料、成本和市场制约而消退

美国钢铁产业发展初期集中在东北部以及五大湖地区，形成了匹兹堡、芝加哥、底特律等钢铁生产基地。[1] 在工业化进程完成之后，美国国内钢铁需求趋于萎缩，加之现代航运技术发展使大吨位海运成本降低，五大湖等地区原有的产业

---

[1]　冯刚勇．从中美钢铁工业发展比较中寻找问题与机会［R］．2016-01-24.

发展优势逐渐消退。在国外企业的成本冲击下，美国钢铁业发展日益艰难，陆续有企业申请破产保护或倒闭。20世纪80年代中期，美国吨钢主要投入成本为403美元，比欧盟、日本和韩国分别高89美元、101美元、147美元，[①] 1989年美国钢铁进口量达到2205万吨。目前，USS等美国钢铁公司正着力从高炉生产向电炉生产转变，在提高钢材产品质量的同时，为客户提供定制化解决方案以提高自身市场份额。与美国类似，德国鲁尔钢铁生产区在发展初期具有临近煤铁资源、水路运输便利、市场需求大等优势。但随着距离较近的煤矿、铁矿趋于枯竭或是开采成本升高，蒂森克虏伯等企业需要从鹿特丹等海港经莱茵河转运铁矿石，这给企业生产经营带来较大影响。在WSD竞争力评分中，蒂森克虏伯企业竞争力居第29位，与沙钢、鞍钢、武钢等企业相当，其得分最低的项目主要是原燃料保障和能源、劳动成本。为进一步聚焦高性能钢板等产品专攻方向，蒂森克虏伯逐渐将产能过剩的不锈钢等业务剥离，通过出售Inoxum公司已剥离不锈钢产能约250万吨。

（三）临近优质资源、具有市场和运输便利的钢铁企业竞争优势明显

临近优质资源布局的大型钢铁联合企业以俄罗斯的新利佩茨克钢铁集团、谢韦尔钢铁公司较为典型。俄罗斯铁矿石、煤炭资源丰富，铁矿石储量560亿吨，占全球总储量的40%，煤炭储量1550亿吨，占全球总储量的17%。俄罗斯国土幅员辽阔、沿海港口距离主要消费市场偏远，同时，作为世界上最强大的铁路运输系统之一，俄罗斯发达完善的铁路网可以快捷高效地把矿石产地、钢铁企业和消费市场连接起来，使钢铁企业临近资源布局具有一定的合理性。新利佩茨克钢铁集团等已实现原燃料垂直整合，自有铁矿和煤矿比重较高，部分工厂铁矿石和焦炭自给率达到100%，生产成本得以有效控制。根据相关研究，俄罗斯钢铁企业热轧卷生产成本仅相当于全球平均水平的61%。[②] 根据2017年WSD钢铁企业竞争力排名显示，谢维尔钢铁公司、新利佩茨克钢铁集团竞争力分别居全球第2位和第4位，稳定廉价的自有铁矿、煤矿以及电力供应是企业保持竞争力的核心支撑（见表6-5）。

---

① 付略. 美国去钢铁产能经验及对中国的启示［EB/OL］. （2015-04-22）. http://mri.mysteel.com/industry_article.html？id=10475.

② 韩晶. 俄罗斯钢铁企业优势分析［J］. 冶金管理，2011（6）：19-21.

表 6-5　俄罗斯部分钢铁企业资源自给情况

企业	铁矿	煤矿	铁煤保障程度
谢维尔钢铁公司	拥有俄罗斯西北地区的 Karelsky Oka-tysh 矿山和 Olkon 矿山	拥有俄罗斯西北地区的 Vorkuta-ugo 煤矿和美国的 PBS 煤矿公司	切烈波维茨钢铁厂原料自给自足
新利佩茨克钢铁集团	拥有俄罗斯第三大铁矿石开采和加工企业——斯托依连斯克矿山股份公司	拥有库兹涅茨克煤田日尔诺夫斯克矿，收购了波罗科比耶夫斯克煤炭开采公司以及阿尔泰焦炭公司	铁矿、焦炭和冶炼用熔剂自给率达到 100%

资料来源：笔者整理得到。

（四）短流程钢厂因工艺流程和柔性生产优势而具有较强竞争力

在已经完成工业化的发达国家，钢铁消费需求大的地区往往拥有较大的废钢积蓄量。这在美国、日本、加拿大等国家较为明显，这些国家也是全球主要的废钢出口国。美国纽柯钢铁公司采用电炉炼钢短流程工艺，既可以就近获取废钢等原材料，又可以就近供应市场需求。[1] 美国电炉钢占粗钢总产量的比例超过 60%，欧洲约为 40%，韩国、日本为 20%~30%，而在我国这一比例仅有 6%。短流程工艺最初构想的是基于电炉炼钢且年产能不到 100 万吨，从而对工厂规模进行合理控制，降低生产流通中的各项成本。根据 2017 年 WSD 发布的数据，纽柯钢铁公司凭借技术创新和较高盈利能力居全球钢铁企业竞争力排名第 3 位。与美国钢铁公司（USS）相比，纽柯公司人均钢产量是前者的 2 倍。智能化水平更高的电炉钢企业美国大河特种钢铁公司人均钢产量达到 3720 吨/年，高出一般长流程钢厂生产率水平 3 倍以上。与转炉炼钢技术相比，短流程钢厂不需要投资焦炉、高炉以及相应的辅助设备，不仅具有投资少、效率高、成本低的优势，还省去了炼焦、烧结等重污染环节，更有利于清洁生产和节能减排。根据有关研究，短流程钢厂耗水量、水污染、冶金渣、采矿废弃物、气体污染相比长流程工艺分别减少了 40%、76%、40%、97% 和 86%（见表 6-6）。[2]

---

① 刘再兴．工业地理学 ［M］．北京：商务印书馆，1997.
② 闫立懿．中国电炉炼钢现状及展望 ［D］．沈阳：东北大学，2015.

表6-6　传统高炉与电炉短流程的吨钢污染物排放比较

单位：千克/吨

钢厂	颗粒物	氧化硫	氧化氮	一氧化碳	挥发性有机化合物
传统高炉钢厂	18.05	2.27	0.18	19.96	0.64
短流程小钢厂	0.14	0.32	0.05	1.81	0.18

资料来源：柯华飞.纽柯钢铁公司的环境实践模式［J］.冶金信息导刊，2010，47（2）：43-44+50.

四、新趋势下钢铁企业生产布局与城市建设的关系

（一）长流程和短流程钢铁企业与城市的空间分离诉求不同

钢铁联合企业是典型的大工业。由于生产流程较长、工艺复杂、衔接紧密，大型钢铁联合企业建设规模大、占地面积广，在区域开发建设中举足轻重、影响深远。以韩国现代制铁为例，其最大钢厂——唐津制铁所占地面积为8.82平方千米，相当于全球最大汽车工厂——现代蔚山工厂占地面积的1.76倍。国内企业则更甚，马鞍山钢铁集团占地面积为13.50平方千米、武汉钢铁青山厂区占地面积为21.17平方千米、宝山钢厂占地面积约23.00平方千米，甚至超过一些地级市的建成区面积。正是由于联合钢厂体量太大，从城市空间结构来说，除一些因钢而兴的钢铁城市以外，综合性城市特别是现代大都市难以在体量上容纳、在结构上嵌入、在功能上支撑一座大型钢铁联合企业。因此，长流程钢铁企业在空间上应与城市适度分离。这也是现代大型钢铁联合企业多在沿海地区布局甚至填海造地而建的原因之一。

对比来看，短流程钢厂由于其精益、集约、高效的发展特性，占地面积远小于传统的长流程工艺。韩国现代制铁仁川工厂采用电炉短流程工艺，粗钢产能为450万吨，占地面积为0.67平方千米。我国的达州钢铁集团采用高炉全流程工艺，年产粗钢约400万吨，占地面积达2.80平方千米，超过现代仁川工厂面积的4倍多。以硅钢生产为例，传统的"板坯连铸机+常规热轧机"要求厂房覆盖的工艺路线长度为800米，而体现短流程思想的薄板坯连铸工艺所需的工艺路线

长度为300~400米。① 更进一步，满足特定市场某一系列产品需求的微型钢厂，即钢水直接浇铸成近终形，产品厚度无须进一步热轧或冷轧的带钢直接浇铸工艺，其占地面积只有传统短流程钢厂的1/6。因此，短流程钢厂在空间结构上更容易与城市建设相衔接，空间分离要求相对较低。

（二）铁烧焦环节和轧制加工环节与城市环境兼容难度不同

钢铁行业虽然是高污染行业，但不同生产工序在污染物种类和排放强度上有很大差别（见表6-7）。概括地说，钢铁冶炼阶段以化学反应为主，② 生产过程具有连续型生产特征。其中，铁烧焦环节即炼铁、烧结、焦化等上游环节污染排放最为集中，与城市环境兼容难度大，这与铁精粉煅烧、煤炭加热干馏等反应密切相关。据分析，焦化、烧结、球团、高炉生产工序组成的炼铁系统碳排放量约占整个钢铁生产的90%，资源和能源消耗以及污染物排放量约占70%。以烧结环节为例，其二氧化硫排放量约占钢铁生产系统的60%，粉尘排放量约占50%。③在2016年中国雾霾指数最高的城市中，建有城市钢厂或邻近钢厂的邢台、邯郸、衡水、唐山、安阳、莱芜等城市排名靠前，这也印证了钢铁企业对城市环境的重要影响。

相比而言，钢铁轧制加工阶段以物理变化为主，生产过程具有离散型生产特征，能耗和污染排放较低，与城市环境易于兼容。轧钢工序仅占钢铁生产总能耗的10%~15%，产生污染以废水排放为主，如冷却用水、酸、碱、油废水等④，板、管、丝、带生产环节污染更小。由于电炉短流程工艺省去了铁烧焦等高能耗、重污染环节，相比长流程工艺更加节能、污染较低。而且，短流程钢厂一般需要靠近废钢产地并接近消费区域，从而有利于降低生产运营成本。以纽柯位于南卡罗来纳州的Darlington厂和内布拉斯加州的Norfolk厂为例，两座钢厂既不临江也不临海，距离城市达灵顿、罗福的距离都在10千米左右，但环境绩效良好，

① 王媛. 国内外短流程工艺生产硅钢及专利情况［EB/OL］.（2017-07-01）. http：//www.csteel-news.com/sjzx/yjjs/201706/t20170629_348405.html.

② 赵业清，梁燕军，毕贵红. 钢铁生产物流系统复杂网络建模与分析［J］. 企业物流，2013，32（17）：387-389+401.

③ 于恒，张春霞. 铁矿烧结污染物排放特征研究［C］//第十六届冶金反应工程学会议论文集，2012.

④ 欧洲共同体联合研究中心. 钢铁行业污染综合防治最佳可行技术［M］. 北京：化学工业出版社，2014.

钢渣、粉尘、废水、废油均可回收，因而与城市发展较为协调。国内一些短流程钢厂，由于占地面积少、能源消耗低、污染排放小，在高炉工艺超过环境容量的地区仍可以布局建设，有的布局在距离市区较近的位置。

表6-7　钢铁不同生产工序环节主要污染物排放情况

工序环节	主要污染物
烧结	烟气、粉尘、SO_X、NO_X、HCL、二噁英、重金属等
焦炉	烟气、CO、H_2S、HCL、SO_X、NO_X、焦油、苯酚、氨、硫化物、氰化物、氟化物、PAH、PCB、BOD
高炉	烟气、污泥、苯酚尘、硫化物、氰化物、NO_X、H_2S、废渣
转炉	污泥、碱性渣、烟气、CO、Zn、烟
精炼炉、脱气机等	烟、H_2、CO、CO_2、Mn、氟化物、废渣
轧机	SO_X、NO_X、垢、油、烟、乳胶

资料来源：笔者整理得到。

（三）大型钢铁企业和小规模钢铁企业的配套功能需求存在很大差别

由于钢铁产业链长、配套环节多，建设一座大型钢铁联合企业很大程度上是在建设以钢铁为主业的整个复杂产业体系。一般来说，大型钢铁企业的配套功能需求量大类型多，主要包括仓储加工及物流配送、工程技术服务、机械维修制造、辅料生产供应、循环经济及环保治理、生活配套服务等。[1] 目前，钢铁企业在低温余热与废热转化利用、城市固体废弃物消纳等方面与城市的融合程度不断加深，但总体来说大型钢铁企业复杂庞大的配套需求难以与城市功能有效衔接。以物流为例，由于运载量大且专用性强，多数钢铁企业采用自有运输方式，建有专用铁路、货场、仓库及码头，从事矿粉、煤炭、钢材大宗货物的接卸、仓储及转运业务，配套设施及大型设备具有企业内部化特征，难以与城市其他经济部门共享。再如钢铁企业污染排放量大面广，导致环保设施投资大、设计复杂、专业技术性强，也非城市一般污染治理设施所能承载的。

小型钢厂和下游环节的钢企配套需求相对较小、专用性相对较低，易于与城

---

[1]　李新创. 中国钢铁转型升级之路［M］. 北京：冶金工业出版社，2015.

市、园区或其他企业的设施功能相衔接或共享。在物流运输上，相比高炉长流程产量4～5倍以上的物资运输量，短流程钢厂运输量不到3倍，且废钢原料以就近供应为主，显著降低了各种物资的远距离、大规模运输需求，对地区其他运输需求的冲突或挤占较小。小型钢铁企业或钢铁加工企业则可以通过第三方物流外包、共建物流体系、参与物流园区建设来满足企业物流需求，在降低企业物流自建成本、提高物流经营规模效益的同时，可以缓解城市交通拥挤、减轻环境压力、优化资源设施配置。钢铁下游环节或短流程钢厂污染物种类少、排放量小，与其他企业协同治理的可能性较大。例如，电镀生产往往规模较小且较分散，独立建设废水处理系统经济性较低，可以通过园区废水集中处理来解决。

五、我国城市大型钢厂发展的启示及建议

（一）推进部分优势消退的大型城市钢厂有序退出或搬迁

对位于或邻近城市的大型联合钢厂来说，如果周边矿产资源枯竭、物流运输成本上升、资源环境压力加大等因素，已经给企业生产经营带来重大影响，对产品市场竞争力形成很大冲击，有计划、有步骤地推进企业产能退出、异地搬迁和兼并重组将是必然趋势。这也符合国家提出的立足沿海基地实施钢铁产业组团发展的总体要求。近年来，各级政府推进实施了首钢搬迁、青钢搬迁、济钢搬迁、杭钢搬迁等项目。其中，青钢从位于北李沧的青岛主城区搬迁至董家口临港产业园具有一定代表性，新厂址临港布局因用地用水、运输仓储、配套生产等便利而更具有竞争力，原厂址腾退空间则可大力发展生产性服务业以提升城市服务功能。因此，应有序推进与城市发展不协调、竞争优势消退的钢厂转型或搬迁，把转退搬迁与减量调整、改造升级、整合重组结合起来，从而优化钢铁产业布局、重构钢铁企业竞争力。

（二）利用周边资源和市场发展更具适应性的短流程钢厂

随着工业化进程加深，我国一些发达地区的废钢积蓄量正在快速增加，汽车、船舶、钢轨等废旧设备及建材、钢结构件等产生大量废钢。作为曾经的废钢消纳大户，"地条钢"企业面临严厉打击和取缔，释放出大量的废钢资源为短流

程钢厂发展提供了原料保障。在这种形势下，鼓励企业多用废钢、用好废钢，发展节约高效、低碳环保的短流程钢厂正逢其时。随着冶炼技术进一步发展，短流程钢厂的产品已从最初的长材向板材延伸，产品质量和等级不断升级，既可以就近满足高端装备等下游领域的发展需要，又能够在用地、用水、环境等方面更好地与城市环境兼容。而且，我国幅员辽阔，在临港大型钢铁联合企业之外，短流程钢厂有其就近获取原料、供应市场的发展空间。

（三）通过工艺、技术和产品升级提高钢厂清洁生产水平

蒂森克虏伯等先进钢铁企业的经验表明，大型钢铁企业在绿色低碳、清洁生产方面还有很大的进步空间，包括开发新型高炉、调整工艺流程、采用先进环保设备等，可以有效减轻钢铁企业给环境带来的污染，实现绿色发展。虽然大量的环保投入会提高企业生产运营成本，但是拥有技术和产品创新优势的产品附加值较高，可以在很大程度上对冲成本上升的冲击。因此，城市钢铁企业要主动对接下游用钢企业的差异化需求，把发展重心从普通产品转向污染小、占地少、技术含量高的高附加值产品，加大生产工艺关键技术、智能制造关键技术和高端钢材关键品种研发，创造和引领高端需求。同时，树立绿色钢厂发展理念，以降低能源消耗、减少污染物排放为目标，推进城市钢厂实施绿色改造升级，优化核心生产流程，加快发展循环经济，提高清洁生产水平。

（四）引导钢厂在功能配套等方面与城市设施能力合理衔接

当前，共享新理念正在越来越多的行业和领域渗透，使其发生新的变化、呈现新的面貌。城市钢厂连接钢厂和城市于一体，要着力于构建新型"钢—城"关系，推进产城共融、资源共享、功能衔接。作为城市的重要组成部分，城市钢厂要从过去的业务内部化、产业自成体系向功能对外衔接、产业向外开放转变。在主营业务趋向精益、集约、高效发展的同时，城市钢厂在物流运输、污染治理等方面有更多机会与城市其他部门协调，从而促进钢厂和城市建设有机融合。此外，城市钢厂要积极参与城市建设，使钢厂的生产、服务能力在城市建设中履行社会责任、做出更大贡献。例如，城市钢厂可以建立环境资源整合利用平台，让钢铁厂成为能源的转换平台和城市矿山的开发平台，既可以利用低温余热资源为社区供热，还可以利用转（电）炉冶炼技术对城市废弃物进行消纳处置。

第七章　基于新兴产业发展的新能源汽车政策研究[①]

新能源汽车产业在产业特性上与传统汽车产业有很大区别，对产业政策制定提出了不同的要求，甚至对以往惯用的政策手段形成挑战。虽然我国已经制定了很多促进新能源汽车发展的政策措施，但在具体实践中又面临着以传统政策手段为主、政策着力点不够精准、实施有效性低等问题。为此，需要从新能源汽车的产业特性和政策需求出发，总结政策实践中的经验和教训，从而改进、完善包括政策制定机制、放宽市场准入、研发支持方式创新、财税补贴政策调整、产业发展环境建设等在内的新能源汽车政策体系。

一、基于产业特性的政策比较与选择

（一）产业特性与政策诉求的逻辑关系

产业政策在一国工业化演进的不同时期有着显著差别。究其背后的原因，则是不同的工业化时期，在经济增长中起主导作用的产业类别及其产业特性迥然有别。产业特性是产业相区别的根本属性，也是政府制定产业政策的逻辑起点。学界提出的"因业施策"就是基于这一逻辑。比如，农业之所以成为各国政府干预最多的一个经济部门，就是由农业的自然依赖性、产品易变质、基础弱势性等产业特性所决定的。[②] 产业特性具体来说包括产品特性、生产特性和市场特性等

---

① 徐建伟. 完善新能源汽车产业政策诉求与实践 [J]. 开放导报，2016 (6)：97-101.

② 孟繁琪，刘祖荣，陈继伦. 农业的产业特性与政府政策 [J]. 中国农村观察，1995 (3)：32-38.

方面。产品特性包括国际竞争关系、产品外部性等，生产特性包括核心生产要素、生产技术特点、生产组织特点等，市场特性包括市场需求情况等。对于发展中国家来说，产业发展大致经历了两个阶段：一是工业化初期和中期追赶型产业快速发展的时期，二是工业化后期创新型产业加快发展的时期。由于追赶型产业与创新型产业的产业特性不同，因而导致其政策诉求存在很大差别。

（二）追赶型产业与创新型产业的特性差别

追赶型产业按照国家水平梯度依次沿袭、循序发展，创新型产业则在技术发展上有颠覆、在产品功能上有突破，二者产业特性有很大差别。在产业发展的核心要素上，追赶型产业在国际上有大量成熟的研发资源、技术资源和管理资源，我国有引进学习之利；创新型产业处在起步成长期，发展理念、产品设计、技术路径等还不成熟，创新发展的空间和潜力很大。在产业成长方向上，追赶型产业技术路径清晰、生产组织完善，我国可以以先行国家为参照，采取路径明确的定向学习；创新型产业技术路径不清晰、生产组织不确定，产业发展无可借鉴、面临多重不确定性。在国际竞争关系上，追赶型产业国际分工体系稳定、发展层级清晰，我国作为后起国家努力嵌入国际分工体系，实现对发达国家的产业追赶；创新型产业各国起步有先后但差距不是很大、技术有高低但均未完全突破、市场有大小但均未完全占领，国家间具备平行竞争的可能，我国同样有得一拼。在市场需求方面，追赶型产业国内市场需求明确，主要表现为进口替代和扩大出口的过程；创新型产业市场需求有待培育挖掘，主要表现为激发引导消费需求的过程。在国际上，以 20 世纪70 年代石油危机为界，日本在之前的时期以产业追赶为主，在之后则进一步向发达国家型经济转变，知识密集的创新型产业加快发展（见表 7-1）。

表 7-1 发展中国家追赶型产业与创新型产业的特性比较

产业特性	细分特性	追赶型产业	创新型产业
产品特性	国际竞争关系	不同发展梯度间的产业追赶	国家间的平行竞争
生产特性	核心要素	主要是引进我国欠缺、先行国家充裕的技术、管理等成熟要素	对发展理念、核心技术等创新资源依赖强烈
	技术特点	技术路径清晰，采取路径明确的定向学习	技术路径不明确，面临多重不确定性
	生产组织	生产要素齐备、有成熟组织模式可供借鉴	关键要素稀缺、组织模式多有创新
市场特性	市场需求	以进口替代或扩大出口为主	市场需求有待培育挖掘

资料来源：笔者整理得到。

（三）追赶型产业与创新型产业的政策差别

追赶型产业政策具有明显的政府干预色彩，在很多情况下甚至是直接干预而不是间接干预。之所以说政府干预色彩浓厚，主要是因为后发国家的政府部门可以循着先行国家的产业发展路径，确定自身在相应阶段的产业发展方向、技术追赶路径、生产组织模式等。对于后发国家的追赶型产业来说，市场需求在自发式成长，并不是制约产业发展的关键因素，真正需要政策发挥作用的是弥补技术缺口、资本缺口以及管理经验缺口等。创新型产业政策具有明显的政府引导色彩，政府部门在追赶型产业中发挥作用的技术路径选择权、组织模式选择权都需要交还给产业行动者（主要是企业）。由于技术方向与路径不确定，政策着力点主要是从创新环境营造、要素条件培育、市场推广引导等方面发挥作用，政策作用是辅助、引导性的，而不是直接干预性的。需要注意的是，因为创新产品的消费者认可可能需要较长时间，因此相比传统的追赶型产业，政府在创新型产业市场培育中发挥着更为重要的推广示范乃至激励作用。国际上，在20世纪70年代石油危机之后，日本开始重视最大限度地发挥市场机制的作用和"展望"，以及信息的诱导作用，对重点产业进行保护扶植的政策、硬性产业政策的比重大幅减少（见表7-2）。①

表7-2　追赶型产业与创新型产业的政策差别

干预点	追赶型产业	创新型产业
信息来源	主要来自政府部门及产业行动者，在国家对外开放初期可能以政府部门为主	主要来自产业行动者，在少数体现国家战略和意志的领域可能以政府部门为主
政策特点	具有明显的政府干预色彩，政策甚至是直接干预性的	具有明显的政府引导色彩，政策是辅助引导性的
政策导向	通过产业梯度升级，实现产业发展追赶	开展水平重合竞争，抢占新兴产业制高点
政策重心	弥补技术、资本和管理经验等缺口	激发释放产业创新活力，围绕市场不足进行补位
政策措施	行政审批、配额制、限制参加经营、卡特尔政策等	资金诱导政策、贸易政策、公共投资政策、信息传递政策等

资料来源：笔者整理得到。

---

① 小宫隆太郎，等．日本的产业政策［M］．北京：国际文化出版公司，1988.

二、新能源汽车的产业特性与政策诉求

（一）新能源汽车的产业特性

1. 环境外部性

新能源汽车具有节能环保属性，既是减少石油依赖、缓解能源紧张的有效途径，也是推进低碳减排、改善生态环境的战略举措。因此，新能源汽车产业具有明显的环境效益和社会效益，其生产和使用过程具有明显的正向外部性。[①] 从能量转换来看，汽油机的能量转换效率在15%～30%，电动机的能量转换效率在70%～97%，差距很大。[②] 从污染排放来看，新能源汽车可以将污染物从数量众多的流动污染源转移到数量有限的固定污染源，有助于提高生产效率和减少污染排放，[③] 节能减排效应明显。

2. 平行竞争性

新能源汽车尚处在产业生命周期的初始阶段，无论是发达国家还是我国都未实现大规模产业化和推广应用，我国由传统产业中的跟随者转变为创新型产业中的同行者。由此，新能源汽车常常被政策制定者和研究者看作是实现"弯道超车"的重要契机。在传统燃油车领域，我国技术水平与国外相比大概有20年的差距，但在新能源汽车领域，我国起步不晚、发展不慢。特别是相比跨国车企在传统燃油车领域已经构建起较为完整的专利池、建立起相对封闭的供应链、树立起强大的品牌感召力，新能源汽车领域尚没有企业具备绝对领先的技术优势和市场地位，各方面的成长空间很大。

3. 创新驱动性

作为典型的创新型产业，新能源汽车产业研发密集、创新引领的特征明显。新能源汽车与传统汽车在动力系统上有着根本不同，增加了动力电池、驱动电

---

① 顾瑞兰. 促进我国新能源汽车产业发展的财税政策研究 ［D］. 北京：财政部财政科学研究所，2013.

② 石川宪二. 新能源汽车技术及未来 ［M］. 北京：科学出版社，2012.

③ 中国汽车技术研究中心，等. 中国新能源汽车产业发展报告（2013）［M］. 北京：社会科学文献出版社，2013.

机、电控系统等组件，实现了能量系统的重大革命。这也导致新能源汽车产业发展需要大量的研发投入。通常来说，一款新能源汽车车型的研发费用为1亿~8亿元。2015年，全球电动汽车领先企业特斯拉研发投入占营业收入比例高达15.65%，超过汽车行业平均水平的3倍；国内新能源汽车领先企业比亚迪研发费用占营业收入的4.59%，在国内乘用车企业中处在最高水平之列。

4. 技术不确定性

创新型产业发展的核心是技术创新。这既促使创新型产业蕴藏着巨大的市场机遇，也使其面临较高的失败率。由于新兴技术与以往技术相比具有突出的领先性和实质性的突破，因而具有较大的成长不确定性。不确定性发生的概率是难以准确计算的，这在重大技术创新方面尤其明显。实际上，大部分对技术发展的预言都被证明是错误的，特别是那些根本性的技术变革及其产品的市场需求更是难以预测。因此，判断一项新兴技术是否能够推动产业发展或是形成新的产业，是一项非常困难的工作。① 就新能源汽车来说，在纯电动汽车、插电式混动汽车、燃料电池汽车等发展方向上的激烈争辩与反复游移充分说明了这一问题。

5. 市场引导性

新产品进入市场无论是满足新的消费者群体，还是对原来的产品进行替代，都存在消费者对新产品的认同问题。② 一项创新型产品被开发出来后，常常不能准确定位其市场用途或者其用途被限制在很小的领域，或者广阔的市场需求要滞后于技术创新非常久的时间。③ 2015年中国汽车行业用户满意度测评结果显示，新能源汽车用户满意度水平仅有65分，比传统燃油汽车低14分；新能源汽车用户抱怨率为34.5%，是燃油汽车的2.4倍。④ 这也说明新能源汽车市场是不成熟的。因而，创新型产品被开发出来后的首要问题是找到它的用户，发现、引导、激励早期使用者对新产品的市场化非常重要（见表7-3）。

---

① 汪江桦，冷伏海. 基于粗糙集的新兴技术未来产业影响力评估模型研究 [J]. 情报科学，2013，31（5）：123-127+132.
② 张耀辉. 技术创新不确定性的系统分析 [J]. 数量经济技术经济研究，2000，17（12）：66-68.
③ 李晓华，吕铁. 战略性新兴产业的特征与政策导向研究 [J]. 宏观经济研究，2010（9）：20-26.
④ 杨滨. 2015年中国汽车行业用户满意度测评结果：新能源汽车仅得65分 [EB/OL]. （2015-10-10）. http：//www.d1ev.com/40384.html.

表7-3 新能源汽车的主要产业特性

产业特性维度	具体产业特性
产品特性	产品具有环境外部性
	在国际竞争关系上具有平行竞争性
生产特性	在核心要素上具有创新驱动性
	在技术路径上具有成长不确定性
市场特性	需要培育市场引导性

资料来源：笔者整理得到。

（二）新能源汽车产业的政策诉求

1. 产业政策制定依赖产业行动者的信息和实践

创新型产业发展初期，虽然产业行动者比政府更了解技术与市场，但是政府由于掌握着更多资源，从而对产业发展方向有较强的话语权。[①] 政策制定的核心就是要实现政府的资源优势与产业行动者的技术、市场优势有效对接。与政府主要从产业发展外部实施干预不同，企业、科研机构、高等院校等既是产业发展的主体，也是产业政策作用的对象，因此可以被称为产业行动者。相比政府而言，产业行动者处在新能源汽车发展的前沿和一线，对于产业发展的技术方向、关键环节、瓶颈制约、需求状况等有更加直接、更加敏锐、更加精准的了解和把握。因此，政策制定需要相关的产业行动者充分参与其中，使产业政策能够更加符合产业发展演进的客观规律，更加充分地反映产业行动者的发展诉求。国内外的实践经验表明，政府在创新型产业发展上越俎代庖、过分干预会导致适得其反的效果，因此要充分依赖产业行动者的实践经验和多方信息来制定产业政策。

2. 技术政策的重心在于引导鼓励企业自主创新

当前，新能源汽车产业发展的关键问题是加快核心技术的研发创新。这与新能源汽车的创新驱动特性相对应。由于新能源汽车尚处在发展早期，在技术上具有显著的不确定性，无论是政府还是产业行动者都无法做出"非此不可"或"非此即彼"的技术选择。因此，技术政策的重心在于充分释放各类企业、各类主体、各类资源的创新积极性，鼓励各个技术方向的创新探索。创新政策的立足点在于努力创

---

① 田志龙，史俊，等. 新兴产业政策决策过程中的不确定性管理研究——基于物联网产业的宏观政策决策过程的案例［J］. 管理学报，2015，12（2）：187-197.

造良好的环境氛围，推动各种创新要素优化配置、释放活力。① 政府在鼓励和支持新能源汽车产业发展时，需要建立公平有序的市场竞争环境，使所有的企业都能各尽其能、各显神通，从而使真正有技术优势、市场优势、组织优势的企业在竞争中脱颖而出。国外在推动新能源汽车技术创新方面采取了很多措施，但都力求做到突出引导功能而不囿于具体干预，并不替代市场做出技术方向和路径的选择。

3. 市场政策要着力降低环境外部性的负面影响

由于存在环境外部性，新能源汽车发展使社会面临着生态环境问题内部化的可能，由此产生了企业、消费者与公共社会之间的成本效益失衡。环境外部性的存在可能致使消费者承担过高的成本，而阻挠或延缓产业发展。因为很多消费者并不会因为追求环保而愿意付出更多的成本。因此，新能源汽车发展应该突出新能源汽车的全部费用（包括经济学意义上的外部性），② 政府需要通过政策措施对新能源技术的研发、推广和应用给予一定的利益补偿或返还。需要说明的是，对新能源汽车生产和使用的利益补偿要适度而为，综合考虑研发生产成本、购买使用成本、社会环境效益等多方面因素，防止补贴不到位、过度补贴等情况的发生。

4. 配套政策主要围绕提高使用便利性等而展开

北京市的调查结果显示，对于犹豫观望或者不准备购买的，或放弃购买的人群来说，"充电不方便""续航里程短"是影响购买新能源汽车决策的两大主要因素。加快基础设施建设是降低消费者充电焦虑、增加续航里程的有效办法，对新能源汽车大规模使用和推广至关重要。由于充电基础设施建设面临投资成本高、回收周期长的问题，在新能源汽车产业发展初期，基础设施建设在很大程度上是由政府来投资或推动的。此外，平台建设、标准制定也在新能源汽车产业发展中起着重要作用。例如，质量检测、环境测试、产品数据库、标准信息数据库等服务对新能源汽车技术研发、引导规范产业发展至关重要，是政府及公共部门可以有效发挥作用的领域。

（三）国外关于新能源汽车发展的主要政策

1. 引导企业加大研发投资成为加快产业发展的有力支撑

由于新能源汽车研发需要巨大的资金投入，而且面临较大的不确定性风险，

---

① 赵昌文. 发展战略性新兴产业的核心是处理好政府与市场的关系 ［EB/OL］. （2015-05-21）. http：//news. xinhuanet. com/fortune/2015-05/21/c_ 127820866. htm.

② 肖明超. 新能源汽车消费者缘何不买账 ［J］. 能源评论，2013 （1）：80-82.

各国政府都对企业研发投资和产业化进程予以大力支持。2008年9月，美国政府启动了先进汽车制造（ATVM）技术贷款项目，总规模达250亿美元，首批向福特、日产和特斯拉发放80亿美元低息贷款，支持普通混动汽车、插电式混动汽车和节油柴油车的发展。以特斯拉为例，其研发生产曾面临多年连续亏损的困境，在得到美国能源部4.65亿美元的贷款支持后，得以推出广受市场欢迎的Model S。德国政府及企业界也认为单纯促进消费购买的补贴政策不利于产业发展，并于2010年决定将预算投入重点放在研究开发上，暂缓电动汽车购买补贴政策。

2. 政府采购、财税优惠成为推进产业化的重要激励手段

政府采购新能源汽车可以促进汽车厂商和科研机构的研发及市场化进程，也有助于社会宣传，提高公众对新能源汽车的认识。美国政府自2011年5月开始大量采购纯电动汽车，第一批为联邦政府公用车队购置的116辆新能源汽车。同时，由于新能源汽车处于产业化初期，面临规模小、上下游产业链不完善等问题，导致生产成本远高于传统汽车。通过财税政策缩小新能源汽车与传统汽车的价格差距，是各国加快新能源汽车发展的重要措施之一。美国针对普通混合动力汽车、插电式混合动力汽车、纯电动汽车、燃料电池汽车出台了差别化的税收抵免政策。为避免对补贴政策产生依赖，美国政府设立了退坡机制，汽车生产厂商产品在美国累计销量达到25万辆之后的两个季度内，抵税额度降至50%，此后的两个季度进一步下降至25%，直至退出。

3. 实施示范推广项目是新能源市场拓展的有效催化剂

当前，体验已经成为增加顾客满意度和品牌忠诚度的关键性因素，这对新能源汽车这样的新生事物来说更加重要。实施新能源汽车示范推广项目成为各国加快新能源汽车产业化的有效手段。一些国家采用电动车试驾活动和电动车展的形式来推动公众对电动汽车的认同。美国恢复和再投资法案所支持的交通电气化示范项目包括示范电动车项目、充电站建设项目和电动车推广培训项目。2009~2011年，德国为构筑电动交通系统，投入1.3亿欧元用于支持在汉堡、不来梅等地区进行示范项目，研究如何发展满足用户需求的电动汽车、交通网络与充电基础设施。2009年，日本经济产业省提出"BEV/PHEV城市"倡议，在18个地区建设电动车运行示范区，试图由点带面地推动电动车的全面普及。

4. 加大基础设施建设投入为新能源汽车普及提供便利条件

为解决电动汽车能源补充问题，各国都将充电基础设施列为下一步支持的重

点。美国能源部 2009 年宣布投入 1 亿美元对电网进行升级，以满足越来越多的插电式混合动力汽车与纯电动汽车的充电要求，美国联邦政府为投资建设充电设施的个人和企业提供投资总额 30% 的补贴。2011 年，美国设立了 500 万美元的"社区贡献奖"和 850 万美元的"清洁城市倡议奖"，采取以奖代补的竞争性拨款方式支持社区规划的插电式混合动力汽车及充电基础设施建设。德国联邦政府与地方政府合作加大对电动汽车基础设施的投入力度，包括建立电动汽车专用车道、停车位等。日本政府通过提供廉价土地、缩短审批时间等方式，鼓励民间企业参与电动汽车配套设施建设，全面推动环保汽车的普及应用。

三、我国新能源汽车与传统汽车产业政策比较

(一) 政策导向：立足需求增长做大规模与抓住技术窗口实现赶超

改革开放初期，随着国内汽车市场不断扩大，产品供给已不能满足需求增长的情况越来越突出。如何把汽车产业做大规模以满足消费需求增长，成为制定汽车产业政策的首要出发点。换个角度，汽车产业成长是随着国内消费结构升级而自然发展的过程，具有较强的需求驱动特征。这也是汽车产业发展的内生动力。在引进外国资本技术、做大汽车产业规模之后，"市场繁荣起来、技术依然落后"的问题引起各界的普遍反思，培育自主产品品牌、提升产业国际竞争力逐渐变得重要起来，成为汽车产业政策制定的新出发点。

新能源汽车则不同，无论是从产品发展还是从消费需求来看，新能源汽车既不具有源自燃油汽车的自然演进特征，也不具有市场内生驱动的产业增长动能，反而具有强烈的功能属性和催生特征，即新能源汽车不是"顺势而生"，而是"负重而来"。关于新能源汽车发展的目的，多年前最先提到的是保障国家能源安全，后来又成为汽车产业"弯道超车"的路径选择，当前其缓解环境压力的功能则被提到新的高度。因此，抓住新能源汽车技术突破窗口，通过产业发展缓解资源环境压力、培育新的国际竞争优势是政策制定的重要出发点。

(二) 政策重心：在引进学习中实现追赶与在创新示范中谋求领先

围绕"做大产业规模、提高竞争力"的政策导向，传统汽车产业政策主要

包括三大方面,分别是外资和技术引进、自主技术和产品开发、组织结构优化。首先,外资和技术引进是破除产业发展"瓶颈",在短时间内做大产业规模的有效途径。这一政策主要是允许国内汽车企业引进国外的先进技术、设备及资金。其次,提高企业自主研发能力和技术水平是做强汽车产业的关键所在。这主要是因为外国资金和技术大规模进入,虽然造就了国内市场的繁荣,但是也给自主企业和品牌带来巨大冲击。最后,优化产业组织结构、提高产业集中度是提升产业核心竞争力的重要方面。在政策制定中,限制新进入者、扶持大型龙头企业的用意十分明显,大型汽车企业甚至可以单独编报集团发展规划。

新能源汽车把技术创新作为推动产业发展的主要驱动力,政策制定主要包括加强研发创新投入、引导产品示范推广、完善消费使用环境三个方面。首先,新能源汽车核心技术尚未完全取得突破,政府在基础科学研究、共性关键技术等方面有着不可替代的作用。其次,由于新能源汽车认知度低、性价比不高,政府部门在引导消费需求、激发消费潜力方面发挥着重要作用。最后,新能源汽车使用需要政府在标准规范、基础设施等方面营造良好环境。例如,安排资金对新能源汽车推广城市或城市群给予充电设施建设奖励,推动形成布局合理、科学高效的充电基础设施体系。

(三)产业管理:以准入为核心的供给管理与创新和市场并重的综合管理

以行政性前置审批为主要手段的经济性管制成为国家既往汽车产业政策的主基调。无论是新建项目的投资规模要求,还是汽车企业和产品的目录管理;无论是中外合资的股权比例要求,还是国产化率和外汇平衡要求;国家都进行严格的准入审批。在产品管理方面,随着产品一致性、合格证管理等制度的实施和不断深化,管理制度逐步从以事前管理为主向以事中、事后管理为主转变。企业拟生产的产品根据国家颁布的有关安全、环保、节能等法规和标准的各项要求,由国家市场监管总局认可的检测机构进行各项检测试验,这在本质上是一种市场认证制度。[①]

新能源汽车管理尝试从"严格准入"向"宽进严管"转型,以求充分释放产业创新发展活力。但新建纯电动车企业投资项目仍要符合研发经历、发明专

---

① 国务院发展研究中心产业经济研究部,等. 中国汽车产业发展报告(2015)[M]. 北京:社会科学文献出版社,2015.

利、整车试制、样车检验等方面的硬性指标要求。同时，加强示范推广应用、加快消费市场培育也在行业管理中占有重要地位：一是通过发布《新能源汽车推广应用推荐车型目录》等方式，给消费者提供产品消费指向；二是通过财政补贴等方式，对消费者购买新能源汽车给予补贴；三是出台新能源汽车免征车辆购置税、免征车船税等优惠政策，刺激消费者的购买积极性。

四、进一步优化政策以促进产业高质量发展

（一）适应创新型产业发展特点，建立企业参与政策制定新机制

当前，企业在政策制定过程中处于被动地位，参与政策制定的有效机制并未建立起来。要充分发挥新能源汽车企业发展先行者、探索实践者的主体作用，在政策制定过程中积极对接企业发展实际和需要。一是要采取多种有效方式，保障企业及相关主体充分参与政策制定，不搞政府"说了算"的闭门政策，确保政策"出得来、接得住"。二是要加强企业发展调研，围绕企业发展的新动向、面临的新情况、存在的困难和问题，进行政策谋划和安排，确保做到"不越位、不缺位"。三是鼓励企业参与各种平台和政策载体建设，引导企业参与起草制定相关标准、创建行业协会或联盟、设计实施研究项目，确保政策内容"有依据、能落地"。

（二）放宽准入与加强监管并重，最大限度激发市场创造活力

放宽市场准入意味着行业发展拥有更大的活跃度。实际上，包括传统汽车制造商、零部件制造商、科学研究机构、互联网公司等在内的优质资源都可能成为促进新能源汽车发展的关键力量。因此，要进一步放开新能源汽车市场准入，按照目标导向明确、技术路线中立的原则，充分发挥各类市场主体积极性，释放各种创新资源的创造活力，支持具有技术创新能力的企业和其他社会资本参与新能源汽车科研生产，由企业依据市场需求自主决策技术研发方向和要素配置模式。同时，改革以事前监管为主的准入门槛管理制度，加强事中、事后监管体系建设，避免试验检测不充分、存在安全隐患的新能源汽车进入市场。

（三）聚焦重大关键技术环节，实现研发支持方式转型与创新

新能源汽车产业要实现领先发展，必须聚焦产业重大任务和主要"瓶颈"，加快突破关键核心技术。一是围绕动力电池与电池管理、电机驱动与电力电子、纯电动力系统、燃料电池动力系统、插电/增程式混合动力系统等领域进行战略布局，搭建协同攻关、开放共享的产业创新平台。二是明确专项研发经费功能定位，加强对产业化技术、前瞻性技术、储备性技术的分类管理，避免研发经费要求过高、功能泛化的做法。同时，通过给予企业自主权、简化科技经费申报和评审程序，激发企业创新发展的空间和积极性，提高科技经费使用效果。三是推广事前立项事后补助、奖励性后补助、共享服务后补助等资助方式。

（四）结合市场需求变化趋势，加快补贴政策调整与退坡安排

按照鼓励先进、扶优扶强的原则，改变按照最高时速、续航里程等简单标准进行补贴的做法，科学设定能耗、安全性、可靠性等补贴标准及额度，避免有悖节能减排、改善环境、汽车轻量化导向的标准设定。同时，规范补贴申领程序，加强补贴发放监管。长期来看，要结合补贴政策退坡安排，建立新能源汽车积分交易机制，确保补贴政策退出后引导政策不断档。一是探索在碳排放权交易试点城市将新能源汽车减排量纳入碳排放权交易体系，逐步建立全国统一的新能源汽车碳排放交易市场。二是推动激励政策由直接的财政补贴转向普惠型的税收优惠，对新能源汽车产品和关键零部件施行税收优惠或费用减免。

（五）推进建设运营机制创新，引导基础设施有序适度超前发展

针对城市建设规划不能适应充电基础设施建设要求的问题，将充电设施作为重要基础设施纳入城乡规划，同时加强和改进相关规划工作，明确审批、建设、验收、运营等管理流程。充分发挥专项基金作用，在确保资金安全、防止骗补的基础上，协调银行简化手续、优化程序、加大对充电基础设施建设的支持力度。引导激发市场积极性，通过推广政府和社会资本合作模式、建立合理价格机制等方式，引导社会资本参与充电基础设施建设和运营，推进住宅小区、党政机关、企事业单位、社会停车场的充电设施建设。针对基础设施区域间相互分割、企业间互不兼容、利用效率偏低等问题，实行统一的标准和认证，推进基础设施互联互通，实现车桩兼容、信息共享、规范兼容、方便监控。

第八章 我国制造业对外直接投资的类别与路径研究[①]

当前，全球经济版图面临深度调整，我国对外开放格局正在重塑，制造业对外投资迎来新的契机、面临新的形势。然而，制造业门类众多、特性各异、优势不同，其对外投资的特点、方式和重点也有很大差别，不能简单地一概而论。从学理上来看，制造业对外投资本质上是产业发展优势的空间拓展，既关乎产业间的优势差异，也关乎投资区域的优势条件。对于我国这样一个产业体系复杂、技术差别显著的发展中国家来说，制造业对外投资既有行业发展上的梯度性，也有合作区域上的层次性，还有时间变化上的阶段性，这既不是西方发达国家的对外投资理论所能完全解释的，也不是发展中国家某一领域的对外投资理论所能完全解释的。为此，要透视我国不同制造业领域对外投资的特性差异、优势差异和治理差异，需要基于中间国家情景，把比较优势分析与区域情景分析结合起来，对我国制造业对外投资的类别和路径差异进行研究。

一、不同区域情景下的产业优势转换

（一）比较优势的区域属性

比较优势因比较而具有相对属性。李嘉图的两国两部门模型扩展为多国多部门模型之后，一个国家的优势产业格局，会因在开展经贸合作的国家和区域的不

---

① 徐建伟，李金峰. 我国制造业优势类别与对外直接投资路径研究——基于中间国家情景的比较分析［J］. 经济纵横，2018（1）：63-73.

同而呈现截然不同的面貌。① 也就是说，把一国产业发展情况和比较国家（或区域）叠加起来，可能形成基于不同比较情景的比较优势格局，从而导致一种情景下的产业比较优势在另一种情景下减弱或消失，或是一种情境下的劣势产业在另一种情境下获得比较优势。因此，比较优势在空间上是可拓展的，投资产业选择很大程度上决定了投资的区域格局。② 换言之，比较优势在空间上是可重构、可转换的。基于比较优势的空间拓展性，一国在产业发展空间上可以做出更多选择，即"比较之比较"。"比较之比较"对于发展中国家参与国际分工至关重要，这意味着发展中国家的产业部门在不具备发达国家的绝对优势的情况下，依然有可能凭借产业领先优势而开展对外投资。

（二）比较优势的空间转换

一国的比较优势因比较国家而异。经过改革开放以来的快速发展，我国已经建立起门类齐全的制造业体系，产业技术水平也在引进学习的基础上取得长足发展，部分领域的自主创新取得较大突破。同时，在国际分工体系中，很多产业部门开始由全球分工末端的加工组装者向区域范围内的价值链治理者转变，突破产业分工锁定、向产业链中高端迈进的步伐不断加快。当前，我国制造业与发达国家的重合产业正在逐步增多，但是很多产品在技术、性能和品牌上仍有差距，并未实现对发达国家企业的完全赶超或替代；我国相比新兴发展中国家的产业梯度开始形成，垂直专业化分工优势逐渐增强，在产业结构、技术水平和产品竞争力上具有一定的领先优势。可以说，放在全球竞争格局的大版图中，我国已经具有明显的中间国家特征，即在产业结构、技术水平、分工梯度等方面介于领先国家（发达国家）与落后国家（处于起步阶段的发展中国家）之间。

产业优势代表着一国产业经济的国际竞争力，是一国经济走向世界的先锋队，应用科学的方法界定和甄别优势产业，从而制定优势产业国际化的方向性规划。③ 基于中间国家分析情景，统筹考虑比较优势的可转换性与比较区域的可选性两个方面，可以将产业分为优势领先部门、优势消退部门、相对优势部门、竞争

① 徐建伟. 我国比较优势新变化与对外开放新格局的构建［J］. 经济研究参考，2015（61）：7-10+57.

② 尹晓波，刘姝妹，黎小花. 中国企业"走出去"区域格局变化的影响因素与产业选择分析［J］. 发展研究，2013（3）：25-28.

③ 张文武. 我国优势产业国际化发展战略研究［J］. 求索，2013（1）：13-16.

劣势部门和平行部门五类。其中，优势领先部门是一国在很大程度上具有全球范围内的生产、技术、出口、品牌等一体化优势的产业部门；优势消退部门是一国长期具有竞争优势，但其竞争优势已经或正在被部分新兴国家所替代的产业部门；相对优势部门是一国在一定区域范围内或是面向部分经贸伙伴国具有生产、技术、出口或品牌等局部优势的产业部门；竞争劣势部门是一国尚不具备国际竞争优势、大量依赖进口产品或外来投资的产业部门；平行部门是指各国发展差距不大、大致处在同一竞争水平的产业部门，这类产业部门既有可能是传统领域，也有可能是技术尚在变革突破之中、各国同时起步的新兴产业部门（见图8-1）。

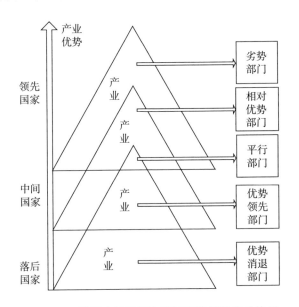

图8-1 三类国家情景下中间国家的优势产业格局

注：上、中、下三个三角形分别代表领先国家、中间国家和落后国家。

资料来源：笔者自绘。

二、产业优势转换与对外直接投资的关联机制

（一）产业升级与对外直接投资的协同演进机理

产业转型升级有其内在的规律性，这一规律的根本在于产业在实现更高发展

质量、获取更大发展收益的过程中，必须以相应的要素资源条件和发展优势为支撑。虽然不同产业发展升级的形式各异、进程不同，但是都没有跳出产业升级与要素优势支撑相协调的"根本大法"。一方面，要素条件不断优化支撑产业向更高水平、更新业态迈进；另一方面，产业转型升级对要素条件改善形成引领。其中，要素条件优化是产业转型升级的基础，更为根本；没有更高水平的要素条件为支撑，产业转型升级就是无源之水。产业转型升级是要素条件优化的导向，是价值所在；高品质的要素资源不能转化为更高水平的产业形态，要素资源就难以释放其增长价值。一般来说，产业发展既有核心要素（如关键技术、研发机构、品牌等），也有一般要素（如一般劳动力、土地、能源等）。在开放条件下，要素优化与产业升级可以在更广阔的地域范围内展开，具有很强的开放性和驱动性。随着全球化程度加深，企业积极开展对外直接投资获取外生性要素显得越来越重要。

在产业发展初期，后发国家一般要素条件较好，但核心要素较为紧缺，通过对外合作获取高端核心要素是产业发展的关键。从全球范围内来看，这类产业虽然是后发国家的绝对劣势部门，但在国际分工中却具有明显的比较优势，因而成为引入外资和技术的重点领域。在快速发展期，核心要素在学习模仿和技术赶超过程中逐步积累，产业发展具备一定优势但尚未形成对领先国家的完全替代，此时核心要素具备在局部区域范围内释放增长优势的可能，这类产业成长为一国的相对优势部门。在产业成熟期，后发国家完全掌握产业发展的核心要素，一般要素仍具有很强的支撑能力，产业竞争力实现从区域范围内向全球范围内跃升，这类产业成为一国参与国际竞争的优势领先部门。在产业衰退期，一国产业发展的优势开始消退，一般要素面临成本上升、供应紧张等问题，通过对外合作延长产业生命周期、释放产业发展潜力至关重要，这类产业多是一国的优势消退部门。而且，随着产业步入衰退期，国内的高端要素将逐步向新的产业领域转移，从已有类型的产业—要素协调情境向新的产业—要素协调情境转变（见图8-2）。

（二）不同制造业类别对外直接投资的理论阐释

从全球范围内来看，我国优势领先部门和优势消退部门基本上延续发达国家对外投资的以往路径，都在既有对外直接投资理论的解释范围之内。早期主流的跨国公司理论认为只有在垄断优势的前提下，企业才能克服海外经营的风险从而

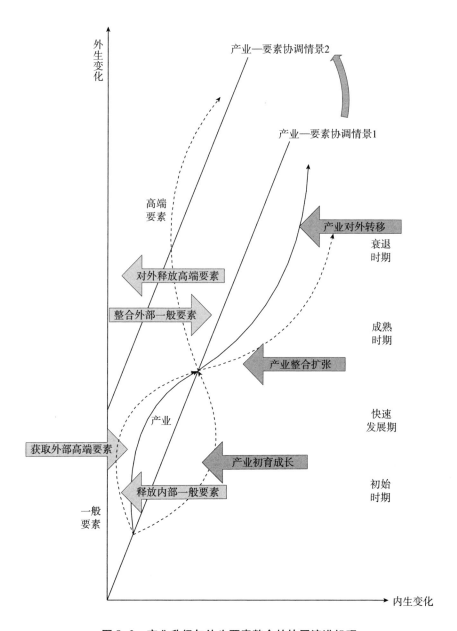

图 8-2　产业升级与外生要素整合的协同演进机理

注：长虚线代表一般要素生产边界，短虚线代表核心要素生产边界，实曲线代表产业生产边界。

资料来源：笔者自绘。

获取足够的回报。优势领先部门对外直接投资主要是基于整合效应的全球扩张与价值链治理，其逻辑与斯蒂芬·海默的垄断优势理论、巴克莱和卡森的内部化理论、邓宁的国际生产折衷理论相一致。优势消退部门在强化国内关键价值环节优势的同时，向低成本国家进行投资、转移技术、占领市场，从而在转移扩散中延长产业生命周期、获取更多分工收益，其逻辑与赤松要的"雁行模式"、小岛清的边际产业扩张理论相一致。随着发展中国家对外投资的快速兴起，后来的学者对既不具备先进的大规模生产技术，又缺乏巨额的研究开发投资的发展中国家企业的对外直接投资特别是向发达国家投资进行研究。① 平行部门或劣势部门对外直接投资即属于此种情况，其发展优势相对薄弱，对外投资行为的发生主要是学习东道国的技术优势，或是获取先发企业的关键性资产或战略资源，从而弥补自身的竞争力不足，其逻辑与从事发展中国家对外直接投资的学者提出的资源论、跳板论、追赶论相一致。②

从产业优势转换在空间上的可能性和技术提升带来的增长效益来看，相对优势部门对于处在中间水平的发展中国家至关重要，是一国开放政策最具操作和调整空间的产业领域，这也是以往理论研究中相对薄弱的部分。从全球范围内来看，发达国家以创新型的新兴产业和优势消退的传统产业为主，呈现正向技术升级的相对优势部门较少；绝大多数发展中国家产业尚处在起步发展阶段，还未达到中高发展阶段，真正具有区域范围内替代能力的产业部门不多。中国的情况则不同，当前我国产业正在加快向中高端迈进，无论是产业结构还是技术水平，都已达到相对较高的发展水平，许多产业部门正在形成对发达国家的替代或赶超势头。需要注意的是，由于相比发达国家的跨国企业，发展中国家企业长期存在技术差距、品牌影响力偏低、客户服务短板明显等问题，再加上供应链协作关系固化的影响，中间国家的相对优势部门要实现对发达国家的全面替代或水平竞争，仍需要一定的市场空间来提升技术水平、产品品质和市场地位。

---

① 马亚明，张岩贵. 技术优势与对外直接投资：一个关于技术扩散的分析框架 [J]. 南开经济研究，2003（4）：10-14+19.

② 张建红，葛顺奇，周朝鸿. 产业特征对产业国际化进程的影响——以跨国并购为例 [J]. 南开经济研究，2012（2）：3-19.

三、不同优势条件下的制造业对外直接投资路径

（一）制造业对外投资的分析框架

按照产业升级与外生要素整合的协同演进机理，制造业对外投资应遵循"产业周期—优势条件—投资指向—投资行为—投资效应"分析框架。在这一框架中，产业周期决定着要素配置、市场特征等产业特性，是产业对外投资的逻辑起点；优势条件左右着产业主体的各种行为，是产业对外投资的根本动力；投资指向约束着优势条件在空间上的映射范围，是产业对外投资的目的所在；投资行为关系产业优势空间拓展的实践方式，是产业对外投资的主要内容；投资效应意味着投资行为对产业升级的促进作用，是产业对外投资的价值导向。遵循这一分析框架，可以将不同制造业对外投资分门别类地进行分析和归纳，这既有助于挖掘各种实际现象背后存在的原因，也可以把握其中的规律进行战略性引导。实际上，这一分析框架与费农的产品周期理论、邓宁的投资发展周期理论有相似之处，但不同之处在于费农理论重在技术发展、产品生产与对外投资的关系，邓宁理论关注资本输出、资本输入与本国经济发展水平的关系。①

（二）制造业对外投资的路径差异

在优势领先部门，国内要素条件对产业形成较强支撑，产业核心竞争力很强，并具有全球范围内的一体化优势。从产业类别来看，原材料领域和一般制造领域产品差异性小，生产的工艺技术和产品的成本价格在产业发展中最为关键，国内企业在实现技术赶超之后就有可能建立起全球范围内的竞争优势，对发达国家的产品形成有效替代。特别是对于内需市场庞大的国家来说，由于原材料部门基础性强、产业关联度大，这些产业的领先优势往往会保持较长时间。从未来发展来看，优势领先部门的升级指向是充分整合全球市场资源，提高价值链治理能力，进一步释放一体化优势，实现更高水平的发展提升。

① 高敏雪，李颖俊. 对外直接投资发展阶段的实证分析——国际经验与中国现状的探讨［J］. 管理世界，2004（1）：55-61.

在优势消退部门，国内企业曾经具有产业发展优势，但产业优势随着内外发展条件的变化而逐渐消退。一般来说，由劳动力充裕带来的低成本优势容易因人口红利的消失而消退。因此，对于具有劳动密集特性的产业部门来说，生产成本特别是劳动力成本是影响竞争力的关键因素。在国内要素供应趋于紧张、要素成本不断升高的情况下，这类产业的发展优势将逐渐被劳动力成本更低的国家所替代。但是，如果母国企业在资本、技术和市场等方面建立较强优势，则可在强化国内关键价值环节优势的同时，向低成本国家进行投资、转移技术、占领市场，从而在转移扩散中延长产业生命周期、获取更多分工收益。

相比来说，发展中国家在劣势部门相比发达国家存在较大的技术差距，其至存在一定的升级"瀑布效应"，[①] 产业发展以自我提升和引进学习为主，在核心资源积累不足、没有竞争优势的情况下，企业对外投资缺乏足够的内在支撑。随着国内企业资本实力逐步增强，在国外企业面临发展困境的情况下，发展中国家企业通过并购国外优质企业和优质资源，从而实现技术追赶是企业开展对外投资的主要方面。在发达国家投资设立研发机构、就近获取优质研发资源、贴近高端消费市场，也是发展中国家企业开展海外投资的重要考虑。此外，对于一些新兴产业部门，由于关键技术尚未取得完全突破、消费市场仍在孕育成长之中，各国企业技术差距不大、均无绝对领先优势，发展中国家企业开展对外投资的优势也不明显。

就相对优势部门来说，发展较快、水平较高的发展中国家已经建立起一定的竞争优势，这种优势相比更低水平的国家很明显，但是相比发达国家还具有一定差距。从实际经验来看，这类产业发展的核心要素并不局限于技术领域，供应链协作、品牌建设、客户关系等在竞争优势构建中同样重要。发展中国家企业单纯的技术赶超，并不足以建立起全面的竞争优势，品牌建设、客户关系更需要企业长期的积累和追赶。从未来发展来看，产业升级指向是补齐发展"短板"、提升竞争能力、培育动态比较优势，而关键在于构建具有竞争优势的区域价值链，并以区域价值链为平台和跳板，在实现比较优势空间拓展的同时，逐步提升产品性能、品牌影响力和客户合作能力，进而从区域竞争优势向全球竞争优势转变（见表8-1）。

---

① 洪俊杰，黄薇，张蕙，陶攀. 中国企业走出去的理论解读 [J]. 国际经济评论，2012（4）：121-134+8.

表 8-1 不同优势行业对外直接投资的路径分析

部门类别	优势领先部门	优势消退部门	平行或劣势部门	相对优势部门
产业周期	成熟时期	衰退时期	初始时期	快速发展时期
优势条件	全球范围的竞争优势	产业竞争优势逐渐被低水平国家所取代	产业竞争优势偏低或尚处在发展初级阶段	产业竞争优势介于发达国家和发展中国家之间
投资指向	全球范围内	低水平国家	发达国家	一定区域范围内
投资行为	通过开展多种投资并购，整合各种要素资源，全面释放产业优势	通过输出成熟资本和技术，整合国外低端要素，占领海外市场	通过设立海外研发部门或战略并购，提高研发创新能力	通过在适宜区域范围内出口产品、输出资本和技术，完善提升产品性能质量，提高产业国际竞争力
投资效应	推进全球价值链治理，释放价值链整合效应	推进产业空间梯度转移，释放投资扩散效应	推进创新能力提升，释放模仿学习效应	推进区域价值链构建，释放增长跳板效应
理论解释	垄断优势理论、内部化理论等	"雁行模式"、边际产业扩张理论	资源论、跳板论等	动态优势理论

资料来源：笔者整理得到。

四、我国制造业对外直接投资的案例分析

（一）中间国家情景下我国制造业的优势类别

改革开放以来，我国经济特别是制造业已经达到相当规模并具有较强的竞争力水平。随着国内外条件和发展环境变化，我国比较优势的形成条件和产业载体呈现不同于以往的新变化。一方面，在全球范围内，我国与发达国家的重合产业越来越多，在部分行业领域呈现水平竞争格局，但总体上来说技术差距依然明显、垂直分工格局仍未打破；另一方面，我国相比其他发展中国家的技术优势日趋明显，在部分产业领域已经形成领先优势，但新兴发展中国家凭借劳动力和资源优势对我国中低端制造的替代正在逐步增强，市场竞争趋于激烈。针对我国的国际分工地位，本章选取日本作为高水平国家，印度和越南作为低水平国家，对我国制造业主要行业的比较优势进行对比分析。借鉴相关研究，选取单位劳动成

本生产率，即一国某产业就业者单位工资成本所能创造的增加值，① 进行典型情景下的制造业比较优势分析（见表8-2）。

表 8-2　2010 年四国制造业行业单位劳动成本生产率

行业	中国	日本	印度	越南
肉鱼果蔬加工	6.12	3.87	4.09	2.38
乳制品	6.20	5.28	2.29	9.43
谷物磨粉制品、淀粉及淀粉制品	10.39	7.07	5.83	14.70
其他食品制造	5.53	3.70	4.01	4.08
烟草制品	20.33	18.95	5.79	8.02
纺纱、梭织及纺织品的染整	4.13	3.35	3.74	4.33
成衣制造	2.79	3.70	2.00	1.47
皮革鞣制和修整	3.56	5.43	2.03	1.22
锯木及刨木	5.55	7.56	2.80	3.88
木材、水松、稻草及编结材料制品	4.97	4.61	2.26	2.58
造纸及纸制品	5.29	4.15	3.61	3.65
印刷及关联服务活动	4.23	3.55	3.31	2.25
焦煤产品	4.49	0.50	5.19	18.07
精炼石油产品	12.98	10.55	21.82	113.21
基本化学品	7.51	5.54	6.07	6.32
其他化学产品	5.44	5.44	5.85	4.36
人造纤维	6.59	3.38	6.94	13.03
橡胶制品	5.14	2.96	5.09	3.52
塑料制品	4.21	3.74	5.63	3.76
玻璃及玻璃制品	4.95	5.40	3.55	4.87
非金属矿物制品	6.00	4.95	5.02	3.56
基本金属	7.55	4.02	5.35	5.92
基本有色金属	7.98	4.19	5.57	6.93
金属铸造	5.48	3.28	3.63	5.10
建筑用金属制品	4.77	4.04	3.79	2.97

---

① 尹小平. 日本产业国际竞争力实证分析——兼论中国产业国际竞争力发展［M］. 长春：吉林人民出版社，2003.

续表

行业	中国	日本	印度	越南
其他金属制品	4.48	3.72	3.84	2.49
通用机械	4.79	2.94	3.65	3.37
专用机械	4.74	3.39	3.29	3.05
电动机、发电机及变压器	4.44	2.56	3.42	3.50
配线器材和电缆	8.21	2.69	4.28	3.88
干电池及蓄电池	4.84	2.48	4.12	8.46
照明设备及电灯	2.73	2.99	3.53	3.22
电子阀管等	2.61	3.08	2.46	1.93
医疗、量度与检验设备	3.71	3.72	3.79	6.52
光学摄影仪器和设备	2.65	2.66	3.00	13.37
钟表	1.87	2.45	3.20	2.06
汽车	7.28	3.74	4.03	7.12
汽车车身、拖车及半拖挂车	4.50	2.33	2.05	3.21
汽车零配件	4.60	2.70	3.28	3.68
船舶制造和修理	3.96	4.26	5.33	3.27
铁道车辆及机车	3.55	2.95	3.50	1.67
飞行器	2.19	2.52	2.22	5.75
其他交通设备	4.18	3.88	5.92	6.89
家具	3.28	3.14	2.91	2.39

注：中国制造业增加值基于产值，参照《中国统计年鉴2007》各行业增加值率计算而得。

资料来源：根据 *International Yearbook of Industrial Statistics* 2015 整理计算而得。

根据日本、印度、越南三个国家的比较情景来看，我国在肉鱼果蔬加工，造纸及纸制品，印刷及关联服务活动，基本金属，基本有色金属，基本化学品，通用机械，专用机械，电动机、发电机及变压器，汽车车身、拖车及半拖挂车，铁道车辆及机车等领域，无论是相比于更发达的日本，还是与落后于我国的印度、越南相比，都具有很强的单位劳动成本生产率优势，属于优势领先部门。在乳制品，纺纱、梭织及纺织品的染整，焦煤产品，精炼石油产品，人造纤维，橡胶制品，塑料制品，干电池及蓄电池等领域，尽管我国产业发展优势高于日本，但逐步被印度、越南所取代，属于优势消退部门。在成衣制造，皮革鞣制和修整，木材、水松、稻草及编结材料制品，玻璃及玻璃制品，电子部件等领域，劳动生产优势相比印度、越南明显，但距离日本还有一定差距，属于相对优势部门。在家具、船舶修造和修理、其他化学产品等领域，我国具有一定的劳动生产优势，但四国相互间的差别不大，属于平行部门。在钟表，光学摄影仪器和设备，照明设备及电灯，医疗、量度与检验设备等领域，我国产业劳动生产率低于日本、印度和越南，产业竞争力较低，属于竞争劣势部门（见表8-3）。

表8-3　2010年四国制造业单位劳动成本生产率比较

行业	日本/中国	印度/中国	越南/中国	类别
肉鱼果蔬加工	0.63	0.67	0.39	优势领先部门
乳制品	0.85	0.37	1.52	优势消退部门
谷物磨粉制品、淀粉及淀粉制品	0.68	0.56	1.41	优势消退部门
其他食品制造	0.67	0.72	0.74	优势领先部门
烟草制品	0.93	0.28	0.39	相对优势部门
纺纱、梭织及纺织品的染整	0.81	0.90	1.05	优势消退部门
成衣制造	1.33	0.72	0.53	相对优势部门
皮革鞣制和修整	1.53	0.57	0.34	相对优势部门
锯木及刨木	1.36	0.50	0.70	相对优势部门
木材、水松、稻草及编结材料制品	0.93	0.46	0.52	相对优势部门
纸及纸制品	0.78	0.68	0.69	优势领先部门
印刷及关联服务活动	0.84	0.78	0.53	优势领先部门
焦煤产品	0.11	1.16	4.03	优势消退部门
精炼石油产品	0.81	1.68	8.72	优势消退部门
基本化学品	0.74	0.81	0.84	优势领先部门
其他化学产品	1.00	1.08	0.80	平行部门
人造纤维	0.51	1.05	1.98	优势消退部门
橡胶制品	0.58	0.99	0.68	优势消退部门
塑料制品	0.89	1.34	0.89	优势消退部门
玻璃及玻璃制品	1.09	0.72	0.98	相对优势部门
非金属矿物制品	0.82	0.84	0.59	优势领先部门
基本金属	0.53	0.71	0.78	优势领先部门
基本有色金属	0.53	0.70	0.87	优势领先部门
金属铸造	0.60	0.66	0.93	优势消退部门
建筑用金属制品	0.85	0.79	0.62	优势领先部门

续表

行业	日本/中国	印度/中国	越南/中国	类别
其他金属制品	0.83	0.86	0.56	优势领先部门
通用机械	0.61	0.76	0.70	优势领先部门
专用机械	0.71	0.69	0.64	优势领先部门
电动机、发电机及变压器	0.58	0.77	0.79	优势领先部门
配线器材和电缆	0.33	0.52	0.47	优势领先部门
干电池及蓄电池	0.51	0.85	1.75	优势消退部门
照明设备及电灯	1.09	1.29	1.18	竞争劣势部门
电子阀管等	1.18	0.94	0.74	相对优势部门
医疗、量度与检验设备	1.00	1.02	1.76	竞争劣势部门
光学摄影仪器和设备	1.00	1.13	5.04	竞争劣势部门
钟表	1.31	1.71	1.10	竞争劣势部门
汽车	0.51	0.55	0.98	优势消退部门
汽车车身、拖车及半拖挂车	0.52	0.46	0.71	优势领先部门
汽车零配件	0.59	0.71	0.80	优势领先部门
船舶制造和修理	1.07	1.34	0.82	平行部门
铁道车辆及机车	0.83	0.98	0.47	优势领先部门
飞行器	1.15	1.02	2.63	竞争劣势部门
其他交通设备	0.93	1.42	1.65	竞争劣势部门
家具	0.96	0.89	0.73	平行部门

资料来源：根据 *International Yearbook of Industrial Statistics* 2015 整理计算而得。

（二）优势领先部门对外直接投资案例分析

从比较情景来看，我国优势领先部门主要集中在农林产品加工、基础原材料、机械设备制造等领域，具体包括农副食品加工、造纸、钢铁原料、有色金属原料、基础化学品等。我们选取工程机械作为行业代表对优势领先部门对外投资进行分析。从 2012 年开始，随着国内经济和固定资产投资增速放缓，工程机械行业产能过剩态势进一步加剧，行业发展进入持续的深度调整时期。与此同时，我国工程机械产业在全球范围的竞争优势得到释放，国内工程机械企业国际化步伐不断加快（见专栏 8-1）。

专栏 8-1　三一重工国际化路径

三一重工是中国第一、世界第五大工程机械制造企业，其混凝土输送泵车、混凝土输送泵和全液压压路机市场占有率居国内首位。2017 年，三一重工以营业收入 637.6 亿元，位列"中国企业 500 强"第 234 位，连续 11 年入围"中国企业 500 强"榜单。目前，三一重工已在印度、美国、德国、巴西、印度尼西亚等国建立生产基地，并设有亚太、拉美、南非、北非、中亚、中东和俄罗斯等十个销售大区和成员公司。2015 年年报显示，三一重工国际业务实现销售收入 100 亿元，占公司销售收入的 44.2%，同比增幅达到 11.9%；国内市场毛利率达到 27.16%，同比下降 1.45%，国际市场毛利率为 22.77%，同比增长 2.28%。三一重工高度重视自主创新，在多个方面打破跨国企业技术垄断，其挖掘机、臂架、混凝土输送泵车、微泡沥青水泥砂浆车、大型履带起重机等产品研发和生产处在全球领先水平。

作为全球领先的工程机械企业，三一重工把国际化战略作为企业第三次创业来推动，已经进入包括生产、资源、市场在内的全方位整合阶段。一是并购优质企业成为海外扩张的有效途径。2013 年 7 月，三一重工以 5489.77 万美元收购混凝土巨头德国普茨迈斯特，对其在土耳其、比利时、西班牙、俄罗斯的制造工厂进行整合，使三一重工的产品系列、技术能力和品牌地位得到提高。二是整合优质企业资源提升企业国际化经营能力。2012 年，三一重工与随车起重机械巨头帕尔菲格成立合资公司，对企业技术创新能力、国际运营管理经验、销售渠道及品牌影响力形成巨大提升。三是开展国际研发合作加强自主创新能力。三一重工在美国乔治亚州、德国科隆分别建有研发中心，整合国际著名研究机构的研发人员和顶级专家，开发适合当地市场需求的新型产品。此外，三一重工与三菱扶桑开展 CKD 项目合作，于 2013 年推出自主发动机 6D34，实现工程机械动力设备的重大突破；与罗克韦尔自动化启动战略合作，共同开发矿用高压防爆变频器等，提高三一煤机产品的市场竞争力。

资料来源：刘麟. 湖南三一重工：在海外建大"朋友圈"［N］. 经济日报, 2017-06-06；佚名. 三一重工：依托"一带一路"转身国际化［N］. 21 世纪经济报道, 2016-09-14. 三一重工股份有限公司历年年报。

一是工程机械产品国际化水平取得实质性进展。以营业收入计算，2011~2014 年我国工程机械行业出口额约占全球销售额的 15%，"十二五"期末工程机械行业海外营业收入及出口占企业营业收入的比重已经超过 25%。① 二是在全球范围内的企业并购、投资建厂日益活跃（见表 8-4）。以徐工集团为例，企业积极实施"走出去"战略、推进全球化布局，海外收入占集团收入的比重达到 30%。② 目前，徐工集团拥有 5 个国际研究中心、10 大备件中心、28 个海外代表处、8 大制造基地和 268 家营销服务网点。三是整合海外优质的研发、管理、销售等资源。如三一重工通过与起重机械巨头帕尔菲格成立合资公司，整合其先进的管理经验和销售渠道，通过与三菱扶桑、罗克韦尔自动化实施战略合作，在工程机械动力设备、高压防爆变频器等关键部件取得突破。

表 8-4　2008~2015 年国内工程机械企业海外并购情况

年份	并购发起企业	被并购企业
2008	中联重科	意大利混凝土机械装备制造商 CIFA
2011	徐工机械	德国、荷兰液压件零部件制造商
2012	柳工机械	波兰工程机械企业 HSW 工程机械事业部
2012	三一重工	德国知名工程机械制造商普茨迈斯特
2012	徐工机械	收购施维英有限公司 52% 的控股权
2014	三三工业	加拿大隧道工程公司
2014	中联重科	收购荷兰升降机企业 Raxtar 公司 35% 的股权
2015	中联重科	收购意大利 LADURNER（纳都勒）公司 75% 的股权

资料来源：笔者整理得到。

（三）优势消退部门对外直接投资案例分析

从比较情景来看，我国优势消退部门主要集中在乳制品、纺织品、化学纤维、橡胶制品、塑料制品、电池制品等领域。在过去很长一段时期内，我国在这些领域都具有很强的竞争优势，是我国参与国际分工、分享全球化收益的主要产

---

① 我国工程机械行业国际竞争力显著提高［N］．中国工业报，2016-01-07．
② 中国路面机械网．徐工全球化进入深水区［EB/OL］．（2017-03-16）．http//news. lmjx. net/2017/201703/2017031608405011. shtml.

业部门。我们选取纺织产业作为行业代表对优势消退部门对外投资进行分析。受要素成本、贸易政策等因素影响，我国纺织企业对外投资步伐不断加快。2003~2016年，我国纺织产业对外直接投资累计76.3亿美元，仅2016年纺织产业对外直接投资额就占2003年以来对外投资总存量的34.86%。[①]

在东道国投资建厂是我国纺织企业对外投资的主要方式，以在东南亚及南亚地区的投资最为密集。以越南为例，当地劳动力素质较高、勤劳能干、工资低廉，对劳动密集的纺织业具有强大的成本吸引力。2016年越南加入跨太平洋伙伴关系协定后，在越南投资的纺纱、织造、印染等企业可享受降低或减免进口关税的优惠政策，进一步提高了国内纺织企业赴越投资的热情。目前，鲁泰纺织、华孚色纺、天虹纺织、百隆东方、雅戈尔等企业都已在越南投资建厂。如天虹纺织在越南同奈省、广宁省、太平省建立了三大生产基地，合计约125万纱锭、400台先进布机，占企业全部产能的比重超过40%。受此影响，2009~2015年越南纺织品服装出口额年均增速达到18.6%，超过中国同期6个百分点。[②] 2016年，越南纺织品和服装产业雇佣工人超过250万人，占GDP比例达到8%，出口交易额超过280亿美元，占总出口额的15%，[③] 位居全球五大纺织服装出口国之列（见表8-5，专栏8-2）。

表8-5 天虹集团在越南投资情况

建设项目	建设年份	建设内容
天虹仁泽股份有限公司	2006	以生产棉纱为主，规模达46万纱锭
天虹银龙科技有限公司	2012	以生产棉纱为主，生产规模达50万纱锭，用工人数达5000人
天虹银河科技有限公司——海河工业区	2014	总面积660公顷，投资2.25亿美元，建设纵向一体化的纺织产业园区

资料来源：根据实际调研资料、纺织贸促会资料整理得到。

---

① 中国纺织业对外投资步伐加快［N］.中国贸易报，2017-08-10.

② 越南纺织威胁中国"领头羊"地位 纺企争相"出走"首选越南［EB/OL］.（2016-11-07）.https：//www.tnc.com.cn/.

③ 2016年越南纺织服装出口额达283亿美元［EB/OL］.（2017-01-17）.https：//www.tnc.com.cn/.

专栏 8-2　天虹纺织集团国际化路径

天虹纺织集团是我国最大的棉纺织品制造商之一，既是中国棉纺织行业竞争力 10 强企业，也是全球规模最大的包芯棉纺织品供应商。为应对国内劳动力、能源等要素成本持续上涨，天虹集团在越南同奈省、广宁省、太平省建立三大生产基地，合计约 125 万纱锭、400 台先进布机。2017 年，天虹纱锭规模占全越南 700 万纱锭总规模的 17.8%，年生产纱线约 30 万吨，占越南 70 万吨纱线总产量的 43%，雇佣越南员工超过 20000 人。特别是在建的海河工业园，将构建起上游纺纱—中游织布染整—下游成衣全产业链一体化发展模式，并形成包括硬件设施和软件服务配套的完整产业体系。从企业内部布局来看，2017 年，天虹集团年产 300 万纱锭，其中国内有 175 万纱锭（新疆 50 万纱锭、其他地区 125 万纱锭），在越南有 125 万纱锭，占全部产能的比重超过 40%。由于采用全新设备和生产工艺，天虹越南工厂生产效率高、产品品质优，抽丝纱等产品大量返销中国。

资料来源：根据笔者实际调研资料、纺织贸促会资料整理得到。

（四）平行和劣势部门对外直接投资案例分析

从比较情景来看，我国的平行部门包括家具制品、船舶修造、其他化学品等行业，劣势部门包括钟表制造、光学仪器、电气灯具、医疗设备等行业。实现中国后发企业的技术追赶，达到国际领先水平，需要对外直接投资这一重要的战略手段。[①] 我们选取农药产业作为行业代表进行对外投资分析。由于农药新产品技术要求高、研发难度大、投入资金多，全球农药行业集中度高的特点非常明显。1994 年世界上有 13 家大型农药企业，2015 年仅剩下先正达、拜耳、巴斯夫、孟山都、陶氏益农、杜邦六家领先企业，六大农药企业总销售额为 392.76 亿美元，占全球作物保护用农药市场的 76.7%。[②] 作为世界第一大农药生产和出口国，我

---

① 吴先明，胡博文. 对外直接投资与后发企业技术追赶［J］. 科学学研究，2017，35（10）：1546-1556.

② 赵平. 2015 年全球农药市场概况及发展趋势［J］. 农药，2017，56（2）：79-85.

国农药企业超过 2000 家，但大型龙头企业少、产业集中度低、自主创新能力弱、技术装备水平低。在全球农药分工体系中，国内农药企业处在价值链低端的制造环节，大部分农药产品均为仿制品种，充当着"原药代工者"的角色。因此，国内农药企业对外投资主要通过海外并购获取先进生产技术、研发资源和销售渠道，以此弥补国内农药企业的创新"短板"、技术短板和市场"短板"（见专栏 8-3）。

专栏 8-3 中国化工农化总公司国际化路径

中国化工农化总公司主要从事农药生产和销售，是全球第七大农药生产商、第一大非专利农药生产商。由于技术研发能力与全球领先企业差距较大，农化总公司以非专利农药生产为主，自主品牌农药占比较低。因此，提高自主创新能力、弥补技术短板在相当长的时期都是农化总公司的主要任务。2011 年，农化总公司收购以色列马克西姆阿甘工业公司（ADAMA）60% 的股份。ADAMA 在全球农药市场拥有较强竞争优势，收购 ADAMA 有利于提高农化总公司的研发创新能力，加快产品在国际市场的推广。一是引进 ADAMA 先进生产技术，在淮安投资 5400 万美元建设年产能 6 万吨的制剂厂，生产低毒高效的制剂农药；二是借助 ADAMA 成熟的销售渠道，学习先进销售模式与销售激励机制，增强市场开拓能力。2017 年，ADAMA 销售收入占农化总公司农药总收入的比重在 80% 左右。2017 年 6 月 27 日，中国化工集团以 430 亿美元完成对先正达 100% 股权收购，创下我国企业海外单笔收购金额最高纪录。先正达是全球最大的原创农药和高端农药提供商，拥有除草剂、杀菌剂、杀虫剂和种子处理剂等全系列产品。中国化工集团并购先正达将极大地弥补企业农药原创性开发能力不足的问题，这是国内企业获取优质资源提升技术水平的积极探索。

资料来源：佚名 . ADAMA 在中国市场确立主导地位 收购中国化工价值 8.5 亿美元业务［EB/OL］.（2014-10-08）. http：//cn. agropages. com/News/NewsDetail-8124. htm；杨烨 . 中国化工 430 亿美元巨资收购先正达［EB/OL］.（2017-06-09）. http：//finance. people. com. cn/n1/2017/0609/c1004-29328308. html.

（五）相对优势部门对外直接投资案例分析

从比较情景来看，我国的相对优势部门主要集中在成衣制造、皮革制品、木材加工及制品、玻璃制品、电子部件等领域，这些领域或是关键核心技术突破难度大，或是品牌经营运作要求高，或是下游客户路径依赖强。我们选取汽车玻璃作为行业代表对相对优势部门对外投资进行分析。全球汽车玻璃行业呈现寡头垄断格局，日本旭硝子、板硝子，法国圣戈班，中国福耀玻璃占据全球近80%的市场份额。[①] 在美洲汽车玻璃市场，旭硝子、板硝子、福耀玻璃市场占有率分别为24%、24%和15%。在欧洲汽车玻璃市场，旭硝子、板硝子、圣戈班、福耀玻璃市场占有率分别为30%、30%、30%和10%（见表8-6）。[②]

表8-6 高档车汽车玻璃配套情况

玻璃生产企业	供应商	生产布局
日本旭硝子	德国宝马、德国奔驰、奥迪、华晨宝马、北京奔驰	在欧洲、亚洲、美洲建有22家工厂
日本板硝子	法拉利、布加迪、德国奔驰、德国宝马、捷豹、路虎、沃尔沃	在欧洲、日本、美洲、中国、马来西亚、印度等建有22家工厂
法国圣戈班	德国奔驰、德国宝马、保时捷	在欧洲、亚洲、美洲建有35家工厂和7家研发中心
中国福耀	一汽奥迪、北京奔驰、华晨宝马	在中国、俄罗斯及美国建立了15家玻璃生产企业及4家研发中心
美国PPG	德国宝马等	在北美、欧洲和中国拥有12个汽车玻璃工厂，目前已退出汽车玻璃业务

从典型企业来看，福耀玻璃是一家专注于汽车玻璃及其原材料浮法玻璃生产的大型跨国集团，企业在国内市场占有率高达55%，全球市场占有率接近20%，供应客户包括全球前二十大汽车生产商以及中国前十大乘用车生产商。相比旭硝子、板硝子和圣戈班，福耀玻璃等国内企业在新材料及应用技术上还存在一定差距。作为高品质、时尚科技汽车的代表，特斯拉基本上都由旭硝子来供应汽车玻璃。而且，由于资本纽带、供应依赖等原因，旭硝子和圣戈班在日系汽车和欧系汽车供应链中具有天然优势，并受益于整车企业的全球化发展。从企业海外投资

① 中国建筑材料联合会. 全球重点建材企业市场份额简要分析［R/OL］.（2020-12-25）. http//www. cbmf. org/cbmf/xydt/xyxx/7040875/index. html.

② 面包财经. 福耀玻璃逆势回调后终于反弹，顶部出现还是入手良机？［EB/OL］.（2017-07-20）. http://baijiahao. baidu. com/s？id=1573410905188353.

来看，福耀玻璃率先在新兴市场和竞争压力相对较小的美国市场取得突破。相比日本和欧洲市场，美国玻璃产业竞争能力相对较低，汽车玻璃市场集中度不高，PPG 等当地玻璃生产商市场份额不断下降。再加上汽车工业调整，为新的玻璃生产企业进入提供了良好契机，福耀玻璃在美国的投资步伐不断加快，占据了越来越大的市场份额（见专栏 8-4）。

专栏 8-4 福耀玻璃国际化路径

20 世纪 80 年代末期，福耀集团转入汽车玻璃行业时，全球 80% 的汽车玻璃市场被国外巨头垄断。1994 年，福耀玻璃与世界玻璃巨头法国圣戈班集团合资，在三年合作过程中，企业在运营、理念、技术和管理上得到较大提升。自 2004 年开始，福耀玻璃开始建设工艺设备研究所、基础材料研究所、实验中心等研究机构，企业研发创新能力不断提升。自 2009 年开始，福耀玻璃逐步在一些技术难点上取得突破，先后研发生产出大尺寸全景天窗玻璃、太阳能玻璃、镀膜热反射玻璃等新型产品。

汽车玻璃产业是典型的高能耗、重物流产业，大规模远距离运输会导致较高的物流成本及产品损耗。由于难以与国外企业竞争，PPG 等美国企业一度对 31 家中国玻璃企业发起反倾销调查。2016 年，PPG 在经历多次玻璃业务剥离之后退出玻璃行业。2014 年，福耀玻璃收购美国 PPG 旗下位于伊利诺伊的浮法玻璃工厂，建成两条年产 30 万吨的浮法玻璃生产线。2016 年，全球最大的福耀汽车玻璃单体工厂在俄亥俄州代顿地区建成投产，年产汽车玻璃 450 万套，可满足美国汽车市场 25% 的玻璃配套需求。此外，俄罗斯作为新兴市场，汽车玻璃产业发展滞后但需求有望保持长期快速增长，而且产品价格相对较高，也成为福耀玻璃"走出去"的重要支点。2013 年，福耀俄罗斯生产基地一期建成，通过欧洲各主要汽车厂认证，主要服务于俄罗斯及欧洲市场的生产经营。

资料来源：财政媒体 40 人. 他们正在改变中国［M］. 北京：中国经济出版社，2019；面包财经. 福耀玻璃逆势回调后终于反弹，顶部出现还是入手良机［EB/OL］.（2017-07-20）. http：// baijiahao. baidu. com/s？id=157410905188353.

五、进一步优化对外投资合作格局

（一）根据比较优势差异分类施策引导产业对外直接投资

产业对外投资具有明显的层次性，这既与产业发展的优势差异有关，也与产业发展的生命周期有关。产业对外投资对于整体经济来说是一个结构性问题，即根据产业发展优势整合外部资源、要素及市场；对于特定行业来说是一个阶段性问题，即结合产业生命周期变化来构建有利于产业发展、获取更多收益的空间格局。因此，要结合总体上的产业结构调整和各个产业的发展阶段变化，分类施策引导产业开展对外直接投资。一是在优势层次上分类，要认识到不同行业分属优势领先部门、相对优势部门、优势消退部门、平行或劣势部门的属性差异。二是在投资模式上分类，引导产业对外投资要结合全球价值链治理、区域价值链构建、空间梯度转移、创新能力提升等不同任务来推进。三是在投资区域上分类，形成与产业优势差异相适应的领先优势释放区域、相对优势提升区域、消退优势转移区域、创新学习合作区域的多层区域格局。

（二）优化国内要素条件是提升产业国际竞争能力的前提

对外直接投资很大程度上是一国产业优势在更大区域范围内的有效释放。无论是优势领先部门的核心竞争优势、相对优势部门的动态优势提升，还是优势消退部门的关键环节掌握、平行部门和劣势部门的创新能力培育，都以国内的优质要素资源为基础和支撑。如果要素条件优化难以满足产业转型升级的需要，那么优势领先部门可能逐步沦落为优势消退部门，优势消退部门会发生全产业链对外转移，相对优势部门难以实现局部优势在更大范围内的提升，平行部门和劣势部门则很难建立起新的产业发展优势。因此，通过对外投资获取更大分工收益的关键在于适应产业转型升级需要，推动国内要素条件有序升级，构建起产业发展的内在优势支撑。对于优势领先部门来说，支撑国际化经营和价值链治理能力的要素资源至关重要；对于相对优势部门来说，核心技术提升和市场开拓能力是培育动态比较优势的关键；对于优势消退部门来说，产品开发、关键部件、品牌建设等价值链关键环节是核心所在；对于平行部门和劣势部门来说，要加强创新环境营造、创新要素培育以及优化学习和创新协作条件。

（三） 推进国际经贸秩序重构是产业对外投资的重要保障

由于比较优势具有行业上的梯度性、合作区域上的层次性，一国产业的比较优势在不同区域情境下是可重构的。因此，新型对外开放格局对于产业比较优势的外部释放和对外投资至关重要。优势领先部门要在全球范围内整合资源与市场，相对优势部门要通过构建区域价值链培育提升动态优势，优势消退部门要向低成本区域有序转移，平行部门和劣势部门则要在防止先行国家产业封锁的同时寻求外部创新合作。长期以来，国际经贸秩序与格局是在欧美发达国家主导下构建起来的，有利于发达国家产业优势在全球释放，但是对发展中国家产业来说可能面临较大的外部约束。当前，全球经贸格局正在经历深度重构时期，为我国构建适应产业对外投资的新型开放格局提供了可能。抓住这一机遇，我国已经构建起以"一带一路"倡议为核心的开放架构，下一步要结合产业发展优势和对外投资需要，丰富完善包括与发达国家的水平型竞争关系、周边区域的经济一体化进程、与重点国家的双边自贸区建设在内的全方位对外开放新格局。

第九章 工业化后期我国制造业发展机制与型式变化[①]

工业化是国民经济中一系列生产函数连续发生由低级向高级的突破性变化过程，既关乎不同要素条件变化及其组合关系，也关乎制造业在经济中的增长变化。当前，我国经济发展由工业化中期迈入工业化后期，社会各界对经济增速下行的担心，对经济脱实向虚的争论，对未来增长点的期待，甚至对汽车销量下降的焦虑，等等，其根源都在于工业化后期的结构性和阶段性变化，特别是由制造业占比、增速和结构变化带来的系列影响值得深入研究。事实上，制造业转型发展与工业化演进在动力机制上是一脉相承的，需要从工业化理论分析工业化后期制造业发展的动力机制、要素条件和结构变化。

一、当前我国工业化进程的阶段变化

（一）我国工业化阶段的总体判断

关于我国当前所处的工业化阶段，国内主要机构和学者都有研究和论述。参考钱纳里的"多国模型"、配第-克拉克定理、罗斯托经济增长理论等经典理论，多数学者认为，我国经济发展在"十二五"至"十三五"时期迈入工业化后期。比较具有代表性的有中国社会科学院经济研究所黄群慧等、国研中心赵昌文等、北京大学张辉等、华侨大学郭克莎、西北大学任保平等。也有部分学者从更宏观

---

① 徐建伟. 工业化后期我国制造业发展型式变化及策略建议 [J]. 宏观经济管理，2020（8）：21-30.

的经济指标分析认为我国已经进入后工业化阶段，如中欧国际工商学院许小年、清华大学国情研究院胡鞍钢等。另有一些学者如国研中心刘世锦、武汉大学简新华等，则认为我国整体上仍然处于工业化中后期，即从中期向后期转变的过程中。

综合主要学者的观点并结合工业化阶段划分的核心指标，整体上来看，我国经济发展很大程度上已经进入工业化后期。从人均 GDP 标准来看，2015 年我国人均 GDP 达到 6484 美元（2010 年美元），接近工业化后期 6615 美元的门槛值，2018 年达到 7755 美元，已经整体上进入工业化后期。从三次产业结构来看，以往研究中把第二产业比重开始下降作为进入工业化后期的标志，我国这一变化开始于 2011 年，到 2015 年第二产业比重已经低于第三产业比重，到 2018 年第二产业占比 36.1%，低于第三产业占比 23.6 个百分点。从城市化水平来看，2018 年末城镇人口比重达到 59.58%，略低于国际上工业化后期 60% 的城镇化率门槛值（见表 9-1）。因此，相对于人均 GDP 水平来看，我国三次产业结构演变相对超前，甚至已经达到经验标准中的后工业化水平，城镇化水平则相对滞后，处在经验标准中工业化后期的门槛值附近。从经济增速来看，1991~2010 年我国 GDP 增速虽有波动变化，但总体处在 10% 左右的高速增长区间，2010 年以来 GDP 增速基本保持下行趋势，从 2005~2010 年 11.33% 的平均增速下降至 2011~2015 年 7.88% 的平均增速，2016~2018 年进一步下降至 6.70% 的平均增速，这一增速已经接近韩国完成工业化之后的经济增速。

表 9-1 工业化阶段标准划分

指标	工业化初期	工业化中期	工业化后期	后工业化阶段
人均 GDP（2010 年美元）	1654~3308	3308~6615	6615~12398	12398 及以上
三次产业结构（A、I、S）	A>20%，A<I	A<20%，I>S	A<10%，I>S	A<10%，I<S
人口城镇化率（%）	30~50	50~60	60~75	75 及以上

资料来源：黄群慧. 中国的工业化进程：阶段、特征与前景［J］. 经济与管理，2013，27（7）：5-11.

（二）工业化后期的一般变化规律

工业化过程具有典型的阶段性特征。一国经济进入工业化后期，在经济增

速、产业结构、发展导向、要素环境上,相比之前的发展阶段都有显著的差异性
变化。一是新旧发展优势转换。主要是要素资源禀赋、产业发展生态等一系列条
件发生明显的阶段性变化,劳动、资本等传统要素资源优势和消费品工业、原材
料工业等既有主导产业优势逐步消退,技术、知识等新的要素资源优势和高技术
产业、创新型产业等新兴主导产业逐步形成。二是制造与服务经济转换。主要是
随着消费需求结构升级,制成品收入弹性逐渐减小,大量工业产品需求出现拐点
变化,服务需求的收入弹性则逐渐增加,资源要素逐步向服务业部门转移,① 医
疗保健、交通通信、教育科研、文化娱乐等服务行业占比大幅提升。三是经济增
速阶段转换。实际上,创新驱动的高技术产业替代传统制造业部门将形成"结构
性加速"的变化,但服务业部门的生产率增速相比工业部门偏低,经济增长重心
向服务业部门转移将形成"结构性减速"的变化。综合来看,服务业部门扩大
在结构变化中处于主导地位,"结构性减速"变化大于"结构性增速"变化,从
而导致整个经济增长速度的回落。不同的是,工业化初期和中期的主导产业转换
主要发生在工业内部,已有工业部门被技术水平和生产效率更高的工业部门所替
代会保持较高的经济增速。但是,经济增长在工业化后期呈现弯曲大道的结构转
换性增速下降与阶段变化性增速下降相连接的变化特点。此外,工业化与城镇化
互相推动、互为支撑,工业化过程伴随城镇化水平不断提高的变化。

国际上,由于日本在"二战"之前已经开启工业化进程,战后在较短时间
内恢复并完成了工业化,② 在现有数据基础上分析日本工业化后期的发展变化并
不全面。比较而言,韩国的工业化数据更加系统完整,也更具借鉴意义。韩国在
20 世纪 80 年代末进入工业化后期,适时提出了"调整产业结构、实现技术立
国"的发展目标。③ 从新旧发展优势转换来看,20 世纪 80 年代末至 90 年代初,
韩国劳动人口占比快速提升时期结束、进入缓慢变化时期,其研发经费占 GDP
的比例则从 1967 年的 0.38%提高至 1987 年的 1.75%,再到 1994 年超过 2%并一
直保持在较高水平,④ 2017 年达到 4.55%,位于世界前列,创新支撑经济转型发
展的能力不断增强。从制造与服务经济转换来看,1986~1990 年制造业在韩国经

① 徐建伟,王岳平. 我国产业结构调整对经济发展的影响分析 [R] //中国宏观经济研究院研究报
告,2015.
② 侯力,秦熠群. 日本工业化的特点及启示 [J]. 现代日本经济,2005 (4):35-40.
③ 李怡,罗勇. 韩国工业化历程及其启示 [J]. 韩国研究论丛,2006 (1):125-136.
④ 黄辰. 韩国创新驱动发展路径与政策分析 [J]. 今日科苑,2018 (1):56-71.

济中占比达到一个高峰并开始下降，服务业则呈现快速发展态势，1989～1995 年服务业占比年均提高 0.62 个百分点，① 增速远高于第二产业。从经济增速阶段转换来看，韩国的 GDP 高速增长阶段在进入工业化后期时宣告结束，从 10% 左右的高增长区间下降至 5% 左右的低增长区间。与之前的增速变化都具有峰谷交替的变化曲线，工业化后期的增速放缓趋势一直持续并延续至后工业化时期。2018 年，韩国 GDP 增速只有 2.89%（见图 9-1）。

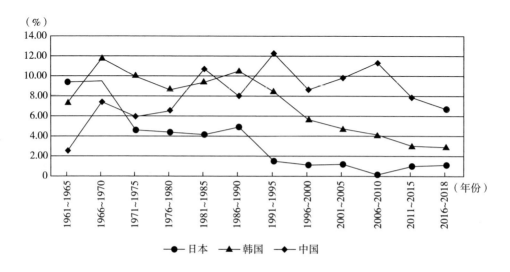

图 9-1　中日韩 GDP 增速变化比较

注：除 2016～2018 年为 3 年平均增速外，其余数据为 5 年平均增速。

资料来源：根据世界银行数据计算而得。

　　笔者分析发现，韩国的发展经验基本上吻合了工业化后期三大转换的规律性变化。根据相关文献，日本乃至欧美发达国家在工业化后期所发生的变化大致与此类似。可以判断，先行国家在工业化后期所经历的新旧发展优势转换、制造服务经济转换、经济增速阶段转换也将成为我国未来一段时期产业结构变化的主要内容。这三大转换是工业化后期制造业转型发展的宏观背景，深刻影响着制造业的发展机制和型式变化。

---

①　宁吉喆. 如何看待我国服务业快速发展 [J]. 中国经贸导刊, 2016 (31): 8-10.

二、工业化过程中的制造业发展机制

制造业发展变化的内在根源是要素驱动机制。要素条件及其组合关系是制造业发展变化的根本原因。事实上，影响产业发展的要素非常之多，但是从要素的育成难度、流动性强弱和替代性高低来看，劳动力、技术、市场和制度是制造业发展中最重要的要素变量。资本因素对产业发展同样重要，但是在我国这一因素受监管较严，可以放在制度分析之中。因此，制造业发展的要素驱动机制又可以进一步分为劳动力及其刚性支撑作用、技术及其赋能驱动作用、市场及其弹性牵引作用和制度及其生态育成作用四个方面。这四个方面关联互动，同时影响着制造业的结构变化、分工特征、路径模式和发展形态（见图9-2）。

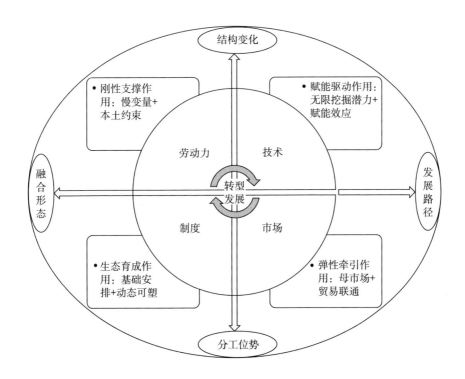

图9-2 制造业转型发展的影响因素及其作用机制

资料来源：笔者自绘。

（一）劳动力及其刚性支撑作用

劳动力作为影响产业发展的初始要素，对产业发展具有基础性的支撑作用，但是由于劳动力具有典型的慢变量特征且在国际间的流动性相对较差，因此其支撑作用的调整空间不大，产业发展往往要依据劳动力条件的变化而调整其结构和形态。以韩国为例，纺织服装产业作为典型的劳动密集型产业，在 20 世纪 80 年代中期之前，随着劳动人口占比快速提升，一次人口红利快速释放，其占制造业的比例也保持增加趋势；20 世纪 80 年代中期尤其是在 90 年代中期之后，随着劳动人口占比缓慢变化并趋于见顶，一次人口红利开始消退，其占制造业的比例也呈现出快速下降变化（见图 9-3）。通过分析发现，近年来我国劳动力规模和结构相对稳定，按其内在的机制和规律发展演变。2003～2018 年，国内生产总值变化的方差为 24.09，而 15～64 岁人口规模方差为 0.75，城镇单位就业人员平均工资方差为 7.56，数据变幅均远低于 GDP 变化；对比之下，社会融资规模方差为955.38，数据变幅远高于 GDP 变化且快增快减的特征明显。事实上，劳动力的慢变量特征，是发展中国家存在劳动力成本红利但并不永远存在这一红利的原因。劳动密集型产业从发达国家向发展中国家转移，事实上也是顺应了不同国家劳动力要素的缓慢和刚性变化趋势。

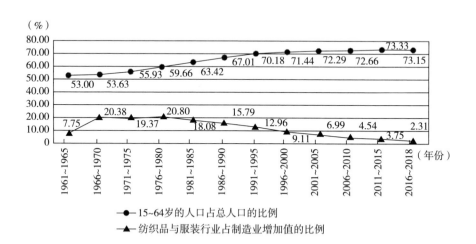

图 9-3　韩国不同时期人口结构与纺织服装产业占比的对应关系

资料来源：世界银行。

（二）技术及其赋能驱动作用

技术作为影响产业发展的关键要素，随着经济发展越趋于高级化，技术对产业发展的驱动作用也越加明显。内生经济增长理论的一个重要内容就是，创新活动作为技术进步的主要来源能够持续推动经济增长。[①] 技术变动对于发达国家高速增长起着关键作用，主要是因为技术创新能够创造出新资源或新的生产方式，[②] 对生产函数具有调整优化作用，新技术的融合应用往往能使原有生产要素释放出更高的增长效应，有助于培育形成经济增长极，推动产业转型和结构升级。特别是进入工业化后期，随着物质资本和劳动要素的结构红利持续减弱，由技术创新拉动的生产率提升对产业增长的贡献度将不断增加。全要素生产率提升是技术进步的重要体现之一。在发达国家工业化水平大致与我国相似的 20 世纪前半阶段，其全要素生产率提升对经济增长的贡献基本都在 60% 以上，是经济增长动力的主要来源。[③] 根据相关测算，1979~2017 年全要素生产率对中国经济增长的平均贡献率只有 25.6%，2015~2017 年的均值也仅为 33.6%，[④] 远低于发达国家 60% 以上的平均水平（见表 9-2）。

表 9-2 部分国家全要素生产率对经济增长贡献的变化

年份 国家 指标	1913~1950			1950~1973			1973~1984		
	GDP	TFP	贡献	GDP	TFP	贡献	GDP	TFP	贡献
德国	1.3	0.81	62.31	5.92	4.32	72.97	1.68	1.55	92.26
日本	2.24	1.1	49.11	9.37	5.79	61.79	3.78	1.21	32.01
美国	2.78	1.99	71.58	3.72	1.85	49.73	2.32	0.52	22.41

资料来源：格罗斯曼，赫尔普曼. 全球经济中的创新与增长 [M]. 北京：中国人民大学出版社，2003.

---

① 梁玺，朱恒源，吴贵生. 中国创新活动和经济增长的关系——一个基于协整理论的初步研究 [J]. 清华大学学报（哲学社会科学版），2006（S1）：30-37.
② 肖晶. 美国技术创新的经济增长效应及启示 [J]. 税务与经济，2019（5）：55-61.
③ 李小平，朱钟棣. 中国工业行业的全要素生产率测算——基于分行业面板数据的研究 [J]. 管理世界，2005（4）：56-64.
④ 盛来运，李拓，毛盛勇，付凌晖. 中国全要素生产率测算与经济增长前景预测 [J]. 统计与信息论坛，2018，33（12）：3-11.

（三）市场及其弹性牵引作用

市场作为需求端对于产业发展具有不可替代的牵引作用，并可能引致供给端的创新。已有研究表明，市场规模对企业创新具有正向的激励作用，本土市场规模通过市场的互动效应引导企业创新的需求发现。① 克鲁格曼曾提出过母市场效应，一个高速增长的市场空间可以通过其包含的创新引致功能，内在地培育出本土企业高级要素的发展能力。② 尤其是进入工业化后期，随着人均可支配收入的提高，消费需求结构持续升级，消费者更加关注高品质产品和创新型产品供给，对产业创新的驱动牵引作用进一步增强。但是，市场对创新的牵引作用受到市场垄断程度、国际经贸往来等的影响。特别是由于国际贸易的替代效应，一国市场对于产业发展的牵引作用可能因进出口贸易而被放大或缩小，具有很强的缩放弹性。分析发现，我国社会消费品零售总额和规模以上工业企业新产品开发经费支出相关系数达到 0.75（见表 9-3）。由于强大的市场驱动力，即使是跨国公司也纷纷在我国设立研发机构，进行更加具有针对性的技术创新和产品开发。根据相关研究，跨国公司在我国设立地区总部、研发中心超过 2000 家，全球市值 250 强的外资企业在我国设立研发中心的有 108 家，其中，全球研发中心超过 15 家。③

表 9-3　我国规模以上工业企业新产品开发情况

年份	社会消费品零售总额增速（%）	规模以上工业企业新产品开发经费支出增速（%）
2010	18.76	21.92
2011	18.48	52.74
2012	14.54	16.84
2013	13.25	15.61
2014	11.96	9.48
2015	10.68	1.46
2016	10.43	14.56
2017	10.21	14.72
相关系数	0.75	

资料来源：国家统计局官方网站。

---

① 王高凤，郑江淮，许璐.“需求引致创新”理论的研究评述［J］. 南大商学评论，2016（3）：59-72.
② 祁飞.“母市场效应”理论及其应用研究［M］. 北京：经济科学出版社，2016.
③ 亿欧智库. 2019 年全球市值 250 强外商投资企业在华发展报告［R］. 2019.

（四）制度及其生态育成作用

制度是产业发展的约束性因素，劳动、技术和市场作用的发挥都有赖于良好的制度安排。作为经济创新发展的基础性条件，制度环境包括官僚体制、法律制度、政府政策、金融体系、市场化改革等。良好的制度环境能够促进资源要素高效率的流动和配置，[1] 也有助于引导和激励企业开展创新活动。国际上，日本在20世纪70年代进入工业化后期以后，经济中市场机制的调节作用逐渐增强，政府干预退居市场失灵领域，产业政策让位于竞争政策，更加关注环境公害、中小企业、国际关系、资源能源、衰退产业等问题。[2] 韩国这一变化开始于20世纪90年代，经济体制由政府主导型体制向市场主导型体制转轨。对标世界先进国家，我国产业创新发展和公平竞争的制度安排仍不完善。根据《2018年全球创新指数》，我国创新优势集中在市场规模、基础设施、人力资源、创新产出等方面，[3] 在支持创新的制度环境等方面短板突出，如在监管质量、法治水平、注销企业便利程度三个指标上分别处在第87位、第75位和第52位。再如，当前我国金融业对实体经济支撑不足的问题越来越突出，实际上这主要归因于制度原因。现代银行治理机制未能完全建立起来，制约了金融服务实体经济的质量和效率（见表9-4）。[4]

表9-4　2018年中国营商便利程度及成本国际比较

国家	营商便利指数（1=最有利于营商的法规）	创办企业所需时间（天）	履行合同所需时间（天）	总税率占商业利润百分比（%）
中国	46	8.6	496.3	64.9
美国	8	5.6	420	43.8
德国	24	8.0	499	49

---

① 漆苏，刘立春. 基于全球典型创新指数的中国创新能力分析 [J]. 世界科技研究与发展，2018，40（1）：71-84.

② 于潇宇，刘小鸽. 新常态下中国产业政策的转型——日本工业化后期产业政策演变的经验启示 [J]. 现代经济探讨，2019（3）：108-115.

③ 谭璐. 中美创新能力的"优"与"劣"——基于《2018年全球创新指数》比较分析 [J]. 中国发展观察，2019（5）：44-47.

④ 付保宗，盛朝迅，徐建伟，周劲，任继球. 加快建设实体经济、科技创新、现代金融、人力资源协同发展的产业体系研究 [J]. 宏观经济研究，2019（4）：41-52+97.

续表

国家	营商便利指数（1=最有利于营商的法规）	创办企业所需时间（天）	履行合同所需时间（天）	总税率占商业利润百分比（％）
日本	39	11.2	360	46.7
韩国	5	4	290	33.1

注：中国、美国、德国、韩国营商便利指数为 2017 年数据。

资料来源：世界银行。

需要说明的是，在制造业发展的不同阶段，要素驱动机制的四个方面并不是同等发挥作用的，而且即使同一作用机制在制造业发展的不同阶段其内涵也不一样。如技术的赋能驱动作用在工业化初期没有在工业化后期突出；劳动力的刚性支撑作用在工业化初期表现为丰富的劳动力支撑劳动密集型产业的发展，在工业化后期则表现为人口老龄化导致产业发展的人口红利消失。制造业从高速增长阶段向高质量发展阶段转变，这一深刻变化背后需要研究的是在工业化后期要素驱动机制四个方面的内生变化及其相互关系。

三、工业化后期我国制造业发展型式变化

（一）结构变化

虽然世界上成功走过工业化进程、迈向高质量发展阶段的国家不少，但其制造业却形态各异、互不相同。既有制造业占比较高、优势产业长期沿袭的日本、德国，也有制造业占比不高、新兴产业高度发达的美国。从日本、韩国、美国、德国的经验来看，进入工业化后期，随着基本生活需求比重下降和出口需求转移，纺织品与服装行业占比持续下降。2016 年，日本这一占比仅为 1.59%，美国和德国的分别为 1.29% 和 1.26%，规模贡献微乎其微。由于原材料产业基础性地位突出、不便大规模长距离运输，金属及其他制造业虽然在投资需求拉动下经历了占比先升后降的过程，但总体保持了较高的占比份额，都保持在 30% 以上，化学品产业占比也都稳定在 10% 以上。由于产业关联度、技术含量和产品附加值高，各国机械和运输设备制造业占比持续提高，主导地位明显。2016 年，德国

这一占比为 44.13%，韩国这一占比达到 48.73%，接近制造业的半壁江山。不同于纺织服装产业，食品、饮料和烟草产业以面向国内需求为主，尽管各国占比有升有降，但变化不大，相对稳定。

对照发达国家，未来一段时期，随着需求结构升级和国际经贸格局变化，我国制造业结构可能呈现"纺织服装降、食品原料稳、机械装备增"的变化趋势，在结构上与先行国家趋向大同、存在小异（见表 9-5）。一是纺织品与服装行业占比依然偏高，2018 年占制造业的 6.44%，这一比例接近韩国的 2 倍、日本的 4 倍，未来将进一步下降，但是考虑到庞大的国内市场需求和中西部地区增长潜力，其在制造业中的占比比发达国家现有水平会高一些。二是食品、金属、化学制品等产业的比重与发达国家差别不大，考虑到食品市场的差异性、原材料供给的基础性，未来在制造业中的占比将保持相对稳定。三是机械和运输设备制造业是各国竞争最激烈的领域，也是我国产业转型升级的主攻方向，未来占比将保持在较高水平，并可能随着进口替代和"走出去"步伐加快、规模扩大而进一步提高。但是，由于主要发达国家都把高端装备作为制造业核心竞争力的关键组成部分，我国机械装备制造业扩大规模、提高占比的进程可能相对缓慢。

表 9-5　主要国家制造业的结构变化　　　　单位：%

国家	年份	纺织品与服装行业	金属及其他制造业	机械和运输设备制造业	食品、饮料和烟草业	化学制品业
美国	1963	8.45	47.61	21.27	12.27	10.40
	2000	3.43	42.00	29.72	13.02	11.84
	2016	1.29	37.95	28.94	15.51	16.32
德国	2000	2.28	47.12	32.68	8.15	9.77
	2016	1.26	36.73	44.13	7.49	10.38
日本	1955	14.80	33.50	18.70	11.40	21.60
	1965	10.08	49.83	19.05	9.75	11.29
	2016	1.59	35.50	39.58	12.38	10.95
韩国	1987	16.42	49.10	14.33	11.73	8.41
	1996	9.52	35.88	36.50	8.87	9.24
	2016	3.46	30.85	48.73	6.66	10.30
中国	2015	7.74	24.15	38.27	11.49	18.35
	2018	6.44	25.28	42.42	10.36	15.50

注：中国的数据为主营业务收入数据。

资料来源：世界银行、国家统计局官方网站。

（二）分工位势

从全球分工来看，在世界主要发达国家中，既有上游研发和高端制造环节发达的国家（如美国），也有精密加工和集成制造能力突出的国家（如日本、韩国），还有产业相对自成体系的地区（如德国和法国主导的欧盟）。在资本有进有出、内外市场调整的情况下，我国制造业具有怎样的全球分工特征，可以从日本、韩国、美国制造业的国际化路径中寻求一些借鉴。一是从价值链分工环节来看，我国制造业亟待从组装集成、中低端环节向关键制造、高附加值环节攀升，否则在产业向外转移的情况下我国可能面临"低端流失高端短缺"的分工困境。以苹果手机零部件供应链为例，美国、日本及韩国供应商主要集中在高价值零部件领域，并且地位相对稳固（见表9-6）。① 在华为P30 Pro零部件供应中，仅美国美光公司供应的DRAM内存芯片一项就占到产品成本的11.26%，NAND型闪存、摄像镜头、电子罗盘等关键零部件分别由韩国三星电子、日本索尼、日本旭化成提供。由此来看，我国企业实现价值链攀升、跃上中高端的空间很大，也是必经之路、必过之坎。

表9-6　2017年苹果手机零部件供应商价值链分级（供应商个数）

	高价值零部件	中等价值零部件	低价值零部件	总数
韩国	5	3	1	9
日本	17	18	6	41
美国	14	9	6	29
主要产品	内存芯片、动态存储芯片、显示屏、操作系统、分立器件、触控模板等	电池、功率放大器、充电器、磁性元器件、电池、电阻、精密马达等	金属机壳、机构件、辅料、铰链和枢轴、包装印刷品、代工厂等	—

资料来源：康江江，张凡，宁越敏. 苹果手机零部件全球价值链的价值分配与中国角色演变［J］. 地理科学进展，2019，38（3）：395-406.

二是从全球产业治理协作来看，我国企业需要通过扩大对外直接投资、推进链条式对外转移、构建区域分工网络等，推动国内产业治理协作体系国际化拓展延伸，提升在全球价值链中的核心治理者作用。日本的经验表明，日资企业海外投资既带动了日本配套产品出口，也促进了国内企业链条式对外转移，产业核心治理能

---

① 康江江，张凡，宁越敏. 苹果手机零部件全球价值链的价值分配与中国角色演变［J］. 地理科学进展，2019，38（3）：395-406.

力并没有因为产业外迁而丢失，以精密机械、电气机械、运输机械最为典型。根据相关调查，在不包括其他地区日资企业原材料及零部件供应的情况下，仅从日本母国采购和当地日资企业采购两项合计，亚洲及大洋洲地区日资企业原材料及零部件的日资企业供应比例达到47.97%，精密机械、电气机械、运输机械三个行业则高达60.55%、53.15%和57.58%。对比之下，食品、木材纸浆等技术密集度和产业迁回度较低的产业，原材料及零部件本地化采购比率较高，均超过60%，且日资企业在当地采购中的占比较低（见表9-7）。① 因此，在分工细致的产业领域，提高我国企业的国际分工地位需要协调推进国内国外产业链条建设，增强关键环节、核心部件的全球供应能力，提升对产业链、供应链的引领和治理能力。

表9-7　2018年亚洲及大洋洲地区日资企业原料及零部件采购情况

采购地来源			
	当地采购	日本采购	其他采购
占比（%）	46.9	30.1	22.9
精密机械设备	34.0	42.8	22.9
电气机械设备	33.9	38.4	27.8
运输机械设备	52.9	30.5	16.6
食品	66.7	14.0	19.3
木材纸浆	62.3	16.2	21.5
当地采购来源			
	当地日资企业	当地企业	其他企业
占比（%）	38.1	54.1	7.8
精密机械设备	52.2	42.5	5.3
电气机械设备	43.5	47.4	9.1
运输机械设备	51.2	43.6	5.2
食品	14.6	78.8	6.6
木材纸浆	28.8	64.6	6.7

资料来源：日本贸易振兴机构（JDTRO）．亚洲、大洋洲日资企业实况调查（2018年度调查）[R]．2018-12-20.

---

① 日本贸易振兴机构．亚洲、大洋洲日资企业实况调查（2018年度调查）[R]．2018-12-20.

（三）发展路径

由于技术特性不同，要素成本导向类产业和链条治理导向类产业在发展路径转换上对产业资源和要素配置提出了差别化要求。细分行业来看，纤维、普通机械、橡胶皮革等行业劳动力在总成本结构中占比较高，企业生产运营受劳动力数量和工资变化影响较大，以纤维工业最为典型。化学医药和木材纸浆材料费占比也相对较高，与其资源性行业的属性有很大关系。因此，纤维、普通机械、橡胶皮革、化学医药、木材纸浆等行业向低成本国家和地区转移将是必然趋势。根据相关调查，目前国内这些行业的企业考虑将部分制造业功能转移到低成本国家和地区的比率高于其他行业。劳动力工资水平更低的越南、印度尼西亚、柬埔寨、缅甸等东南亚及南亚国家将是承接这类产业转移的重点国家。电气机械、精密机械、运输机械等行业材料费用在总成结构中占比较高，产业链条建设和本地配套能力是产业发展的重要条件。这些行业无论是在国内发展还是"走出去"投资，都需要推进配套产业链建设，通过提高企业协作水平和本地采购比例，降低生产运营综合成本（见表9-8、见图9-4）。

表9-8　不同制造行业的成本结构　　　　　单位：%

行业	人工费	材料费	其他
制造业	19.6	59.0	20.6
纤维	26.1	53.9	20.0
普通机械	24.7	55.3	20.0
橡胶皮革	22.6	52.2	25.3
电气机械	20.2	63.9	15.9
食品	19.5	55.7	24.8
金属	18.3	58.3	23.4
化学医药	18.2	60.9	20.9
精密机械	17.7	63.3	19.0
运输机械	16.1	62.5	21.4
木材纸浆	13.6	60.7	25.7

注：材料费包括原材料及零部件费用等。

资料来源：根据日本贸易振兴机构调查数据整理得到。

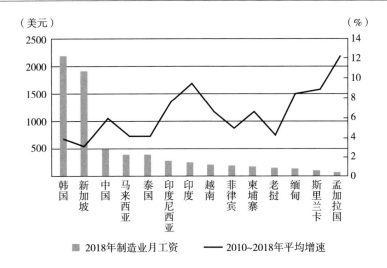

图9-4　我国制造业工资水平国际比较

注：中国数据不包含港澳台地区。

资料来源：根据日本贸易振兴机构调查数据整理得到。

由于制造流程、产品特性和需求特征不同，不同类型产业在生产制造、产品开发、市场响应等环节应用新技术和重构发展方式的重点存在很大差别。食品工业需求导向特征明显，主要是推进供需联动和柔性生产，进一步调整优化产品结构，提高产品附加值，通过采用电子商务、数字营销技术，更高效灵活地对接和响应市场。纤维工业、化学医药、金属工业流程化特点突出，主要是推进生产工艺和流程再造升级，通过采用物联网、机器人技术，构建高效、智能、绿色的生产工艺流程，进一步提高生产效率和产品质量性能。普通机械、运输设备产业链条长、专业服务需求多，主要是提高产业链和供应链协作水平，通过采用物联网、机器人、云技术，强化上下游企业产品和技术协同，加快生产制造方式重构，积极发展关联增值服务，拓展产业增长新空间。电气机械、精密机械等行业与普通机械、运输设备行业相类似，但其产品更加复杂、应用场景多元、人机交互性强，在采用物联网、机器人、云技术推进生产过程改造提升的同时，还要采用人工智能技术加快产品智能化升级，进一步提高人机交互水平和用户体验（见表9-9）。

表9-9 不同行业采用新技术的重点

行业	重点技术	应用方向
食品	电子商务、数字营销	市场端调整，提高市场响应和竞争能力
纤维	物联网、机器人	生产工艺流程改造，优化生产工艺流程，提高自动化水平
化学医药	物联网、云技术、机器人	生产工艺流程改造，优化生产工艺流程，提高自动化水平
金属	物联网、机器人	生产工艺流程改造，优化生产工艺流程，提高自动化水平
普通机械	物联网、云技术	生产供应流程改造和拓展增值服务，提升供应链管理水平、优化生产工艺流程、拓展产品增值服务
运输设备	物联网、机器人、云技术	生产供应流程改造和拓展增值服务，提升供应链管理水平、优化生产工艺流程、拓展产品增值服务
电气机械	物联网、机器人、人工智能、云技术	全过程改造和产品创新升级，提高产品智能化水平、提升供应链管理水平、优化生产工艺流程、拓展产品增值服务
精密机械	物联网、机器人、人工智能、云技术、3D打印	全过程改造和产品创新升级，提高产品智能化水平、提升供应链管理水平、优化生产工艺流程、拓展产品增值服务

资料来源：日本贸易振兴机构．亚洲、大洋洲日资企业实况调查（2018年度调查）［R］．2018-12-20.

（四）融合形态

一是传统产业与新技术新产业融合不断深化，推动传统制造业焕发增长新活力、形成新增长点。主要是采用新技术改造提升传统制造业，使其摆脱原有增长模式和路径，重塑产业发展方式、重构产业竞争能力。事实上，许多新兴产业或新兴技术通过与传统制造业融合的方式获取增长空间、释放增长潜力。当前，随着数字化网络化智能化技术推广应用，制造新技术、新系统、新模式不断涌现。根据对全国1815家企业的调查显示，73%的企业有强烈的实施智能制造意愿。2015~2017年308个智能制造项目实施后，企业生产效率和能源利用效率平均提高了34.0%和17.2%，运营成本、产品研制周期、产品不良品率平均降低了22.0%、32.4%和29.4%。[1] 但是，我国制造业自动化智能化水平相比发达国家还存在较大差距。经济学人智库的研究发现，我国自动化就绪指数为67.1，尽管领先于马来西亚、印度、越南等国家，但是相比韩国、德国、新加坡、日本等国家存在较大差距（见图9-5）。[2] 而且，由于要素基础条件不同，每个国家的智能化路径都有其特点，[3] 我国需要探索与美国的数据信息引领智能制造、德国的

① 中国工程院，中国科学技术协会，等．中国智能制造发展战略研究报告［R］．2019.

② The Economist, ABB. The Automation Readiness Index—Who is Ready for the Coming Wave of Automation?［R］．2018.

③ 李杰，倪军，王安正．从大数据到智能制造［M］．上海：上海交通大学出版社，2016.

机械装备引领智能制造不同的智能化发展方式（见表9-10）。

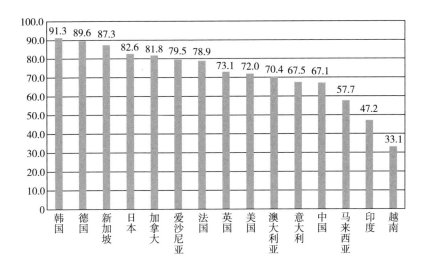

图9-5 2017年我国自动化就绪指数国际比较

资料来源: The Economist, ABB. The Automation Readiness Index—Who is Ready for the Coming Wave of Automation? [R]. 2018.

表9-10 不同国家的智能化路径比较

国家	主要路径	核心要素	模式支撑	主要问题
日本	机器设备和数据信息服务于人的提升	企业组织建设、人才训练、工匠精神	精益制造	老龄化、制造工人断代
德国	将知识和流程等固化到机器装备中	严谨认真精神、优秀职业教育、自动化软件	自动化集成化成套设备、系统解决方案	劳动力短缺、市场不持续
美国	最大限度发挥知识和数据的创新价值	数据积累分析、信息化基础、颠覆性创新精神	6-sigma 体系、全生命周期管理、工业互联网	国内制造的跟进和响应能力不足

资料来源：李杰，倪军，王安正. 从大数据到智能制造 [M]. 上海：上海交通大学出版社，2016.

二是制造业与服务业融合步伐不断加快，将涌现融合发展新业态、形成融合发展新格局。近年来，我国制造业和服务业融合发展处在快速推进之中，不同行业、不同企业结合自身特点探索实践取得了积极进展，涌现了一些融合发展领军企业和典型路径模式，融合发展效应开始逐步显现，成为经济转型升级的重要内容和突出亮点，如上海电气、陕鼓集团等。2010~2015 年，我国制造业生产性服务投入占比总体呈现增长态势，特别是装备制造业融合发展进程不断加快，生产性服务投入占比从 2010 年的 6.51% 提高至 2015 年的 8.78%。其中，通用、专用设备制造业和仪器仪表及文化办公用机械制造业占比最高，2015 年均超过 10%。但是，制造业关键生产性服务投入占比增长不明显，装备制造行业关键生产性服务投入占比从 2010 年的 1.98% 下降至 2015 年的 1.68%。这说明两业融合发展层次较浅，快速切入制造产业链的主要是直接服务于市场扩张的行业领域，如物流、金融等；服务于研发创新和工艺流程提升的行业领域相对滞后，如研发创新、工业设计、系统软件、信息服务等。未来，我国制造业需要加快由制造企业主导向制造企业、软件开发商、系统集成商协同发展转变，由提供产品向提供"产品+服务"整体解决方案转变，由成本价格等初级竞争优势向技术、服务、生态等核心竞争优势转变。

四、推动制造业转型发展的策略建议

（一）要素维度

要顺应技术创新和人力资源的规律性和趋势性变化，因势利导、有次序地推动要素禀赋改善和提升。技术差距是我国在全球产业分工体系中地位不高、收益偏低的主要原因，激发科技创新活力、补齐技术创新短板仍是当前及今后一段时期需要予以突破的关键方面。为此，要整合国内外创新资源要素，建设企业主导的新型创新载体，在应用型技术创新、重合性产业技术创新和科技成果转移转化上下功夫，进一步缩窄国内外技术差距的领域和宽度。人力资源是慢变量，形成和释放人力资本红利，需要经过一个长期积累和缓慢提升的过程，要逐步推进全员劳动素质提升和高端创新管理人才育成，为提升产业基础研究和重大科技创新能力奠定基础，逐步填平国内外技术差距的底部和深度。在政策安排上，近期需要建立以企业为主体、有利于核心技术和"瓶颈"技术突破的良好机制，优化人力资源转化为人力资本的激励机制和流动机制，形成优秀人才和创新资源向企业汇聚、向重点领域集中的良好格局，长期来看政策和制度安排要鼓励各种创新资源释放内生增长活力，形成新资源、新技术、新产业、新模式竞相迸发的良好生态。

（二）产业维度

要考虑到劳动密集产业、基础支撑产业、关键核心产业与潜力新兴产业的差别，探索不同转型发展路径。对于纺织服装、家电电子等传统的劳动密集型产业，要充分认识其在制造业中占比不断下降和进一步向低成本地区转移的客观趋势，在减量发展的同时提升研发创新、市场开发、品牌运作等总部经济功能，提高产业内外联动能力和价值获取能力。对于原材料、食品等基础性强、国内产业和市场关联度高的产业，要做到规模体系和质量效率并重，确保产业发展对国内产业和市场的基础支撑作用不动摇，同步推进产业技术改造和效率提升，实现精益集约绿色发展。对于装备制造、新一代电子信息等国际竞争最激烈的产业领域，要高度重视其对国家生产制造能力和综合竞争力的决定性作用，加快关键核心技术攻关突破，进一步提高产品质量性能，推动装备与软件、制造与服务协同发展，缩小并赶上发达国家的技术和装备水平，夯实制造强国的牢固基石。对于生物医药、新能源汽车等新兴产业，要把握产业技术、产品和市场不确定性高、风险性大、收益率高的特点，充分发挥市场内生作用，引导鼓励各种资源创新发展、释放创新发展活力。

（三）区域维度

要结合不同区域的发展条件和发展阶段变化，有差别、有重点地推进制造业高质量发展，不能"一刀切"、等量齐观。东部地区兼具区位资源优势和对外开放优势，是我国制造业发展的主阵地和领航地，也是构建现代制造业体系的强大根基，要以基础支撑产业、关键核心产业和潜力新兴产业为发展主导，增强科技创新能力和创新发展活力，推动产业结构高级化和产业链条现代化，引领带动我国制造业体系构建与形态升级，提升在全球产业分工体系中的位势能级。中部地区具有劳动力丰富、产业基础好、分工协作便利等优势，是我国制造业发展的战略腹地和弹性空间，要重点做好劳动力素质提升、科技成果转移转化、消费市场培育扩大，积极承接劳动密集型和市场扩张型产业转移，深化在关键核心产业和潜力新兴产业与东部地区的分工合作，增强我国制造业体系的回旋空间和弹性韧性。西部及东北地区生态功能突出、农矿资源丰富，但是市场及制度短板明显、区位交通制约突出，下一步的重点是创新发展体制机制，引进资本、技术、人才，围绕矿产资源开发、特色产品加工、沿边开放合作等，推进制造业差异化、特色化发展，服务国家重大战略需要、守好绿色生态底线。

第十章 我国优化制造业生态的策略选择^①

　　坚持系统观念，是党的十九届五中全会提出的"十四五"时期经济社会发展必须遵循的五项原则之一。制造业是我国国民经济循环的主导，也是建设现代产业体系的核心，^② 系统地分析研究制造业发展最重要的就是产业生态问题。麻省理工学院在研究重塑美国制造业时，认为工业生态系统在经济中扮演着重要角色。^③ 从我国实际来看，制造业发展长期偏重于原材料部门和出口导向部门的生产扩张，存在行业部门割裂、链条协作割裂、生产市场割裂、产业科技割裂等问题，制造业生态很大程度上是不健全、不完整的。优化产业生态对制造业高质量发展至关重要，但这又不是通过某一行业、某一领域的发展突破所能解决的，需要用系统整体的思维研究制造业生态的组成部分、作用机制、主要问题及策略选择。

一、制造业生态的组成与作用机制

（一）概念内涵

　　制造业竞争归根结底是产业生态的竞争。系统论是认识复杂系统的比较有效的工具。^④ 路·冯·贝塔朗菲等认为，系统只能通过联系即组成部分的相互作用

---

　　① 徐建伟，杨合湘. 全球制造业生态比较与优化我国制造业生态的策略选择——基于系统论视角的制造业生态研究［J］. 经济纵横，2021（8）：74-84.

　　② 中国社会科学院工业经济研究所课题组."十四五"时期我国工业的重要作用、战略任务与重点领域［N］. 经济日报，2020-07-13.

　　③ 苏珊娜·伯杰. 重塑制造业：从创新到市场［M］. 杭州：浙江教育出版社，2018.

　　④ 谢洪明，蓝海林，张德群. 从系统论看企业战略管理［J］. 科学管理研究，2001（4）：46-50.

来说明。① 从系统论的视角来看，制造业生态是由生产要素、企业组织、产业基础、市场需求、政策措施等组成，以各种要素与制造业发展的关系作用为核心，能够形成特定的产业结构与功能的复杂系统。制造业生态是影响制造业发展的基础性支撑和系统性构成，在某种类型的产业生态基础上会形成相应类型的制造业结构体系，存在"生态组成要素—协同支撑作用—产业结构体系—价值功能实现"的因果链条。良好的制造业生态能够优化要素配置、实现更高效率和价值，反之则可能导致制造业升级滞缓、发展停滞甚至倒退。

（二）组成部分

一是生产要素。生产要素是制造业发展的物质基础，也是制造业发展生态的基底。生产要素的内涵非常丰富，并且随着时代变化而演变，其中最重要的是劳动、资本、技术，此外还有数据等新型要素。生产要素作为投入品，与制造过程发生投入产出关联，影响着生产效率、过程和结果。其中，劳动与技术的配比关系始终是制造业发展的核心问题。由于劳动与技术具有一定替代关系，在智能化加速推进的情况下，二者配比存在更大弹性调整空间。资本具体体现为设备、原材料、技术、劳动等投入，能够改变劳动和技术的配比关系，推动生产组织和制造方式变化。

二是企业组织。企业是制造业发展的组织者和运行者，也是制造业发展生态的主体。企业在各种生态要素中最具能动性，与制造过程发生组织关联，体现了制造业的配置与治理能力。原本分散的生产要素，通过企业的组织、配置和运行，产生关联作用，形成完整的生产制造过程，并以产品形态响应市场需求。同样的生产要素条件，在不同企业的组织配置下，会呈现不同的生产过程、生产效率和产品性能。在企业之外，政府部门、行业协会、学校与科研机构等同样是制造业生态体系中不可或缺的部分，并具有企业所不具备的功能。②

三是产业基础。产业基础是制造业发展的沉淀性和继承性要素，是制造业发展路径的惯性依赖，可以理解为制造业本身的自我发展和循环能力。产业基础的核心是产业间和产业链的分工协作关系，主要与制造过程发生产品和服务关联，也是"产业支撑产业"的能力。产业基础是动态变化的，但其在结构和路径上

---

① 路·冯·贝塔朗菲，王兴成. 普通系统论的历史和现状［J］. 国外社会科学，1978（2）：66-74.
② 严鹏. 培育制造业生态体系：工业史视角下的"双循环"［J］. 文化纵横，2020（6）：35-44+158.

有很强的发展惯性，在一些情况下具有路径依赖和自我强化的特点。这也体现了"分工创造优势"的经济学思想。

四是市场需求。市场需求是制造业发展的动力牵引，与制造过程发生价值关联，是制造业生态的价值导向。市场需求既包括国内市场与国际市场，也包括一般需求和高级需求，具有显著的规模和结构属性。从生产、流通、消费三者循环的角度来看，市场需求对制造业生态的支撑和牵引作用是不可替代的。需求一方面为制造品的价值实现提供了市场，另一方面还能够深度参与产品创造，成为技术创新和产品开发的源泉。在当前全球经贸摩擦加剧、生产消费深度渗透融合的情况下，市场需求正在变得越来越重要。

五是政策环境。政策环境是制造业发展的外生要素，既是制造业发展生态的条件附加，也是产业生态中政府作用最大的部分。政策措施的核心是政府与市场关系，表现为政府为鼓励、推动、支持或限制产业发展而采取的干预和引导措施，如调整产业结构、淘汰落后产业、培育新兴产业等。政府采取的政策手段主要包括采购、税率、利率、地价、准入限制、直接补贴等。① 从实际来看，产业政策在不同国家和地区的实施效果差异较大，近年来也引起了张维迎、林毅夫等经济学家关于产业政策是否有用的争论。

（三）作用机制

制造业生态能够影响要素组织配置、决定产业结构体系、左右价值功能实现，对制造业发展形成内层、底层、外围层三层作用机制。其中，生态的内层是制造业发展的动力关联层，影响制造业供需两侧的衔接畅通水平，包括企业组织、产业基础和市场需求。具体来看，企业组织影响制造业的组织协调和配置治理能力，如链主企业与配套企业、领军企业与中小企业、跨国企业与本土企业在链条构建和价值分配中的地位和作用存在很大区别；产业基础影响制造业的体系配套和自我循环能力，如完备或专门化的产业体系、贯通或碎片式的产业链条对产业转型升级的支撑能力迥然有别；市场需求影响制造业的发展方向和价值实现能力，如高端需求与低端需求、本土需求与国外需求对自主创新发展的驱动引导作用截然不同。

---

① 陈健，郭冠清. 论政府与市场的有效结合——兼析产业政策的适用性［J］. 财经问题研究，2020（12）：22-30.

生态的底层是制造业发展的生产要素层，影响制造业的生产方式和效率，包括劳动力、技术、资本等投入要素。不同国家之所以存在不同的产业生态，根源在于其生产要素赋存条件的差别。其中，劳动是典型的慢变量且国际流动性较差，对制造业发展具有刚性支撑作用，产业发展往往要依据劳动力条件的变化而调整其结构和形态；技术创新发展弹性空间较大，对制造业发展具有显著的赋能驱动作用；资本是生产组织活动的投入保障，对制造业发展具有融通联结作用，也是创新发展生态的关键一环。

生态的外围层是制造业发展的外部干预层，影响制造业发展的环境和氛围，包括鼓励、引导和限制产业发展的各项政策措施。外部政策干预往往需要通过作用于内层要素和底层要素而发挥间接作用。在工业化和产业发展的不同阶段，政策诉求存在很大区别，如从工业化初期到中期再到后期，存在选择性政策作用空间减小、功能性政策地位逐步提升的政策变化规律。需要说明的是，政策干预是产业生态转变的重要驱动变量。一般情况下，只有通过政策设计和调整，推动动力关联层和生产要素层变化，才能实现从一种产业生态向另一种产业生态的转变（见图10-1）。

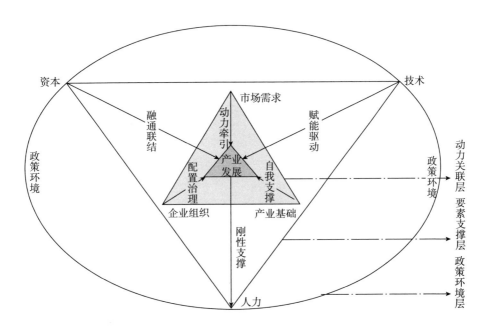

图10-1 制造业生态的组成部分与关联作用

资料来源：笔者自绘。

二、制造业生态的主要类型与特征比较

(一) 内源为主的创新引领型生态

美国作为世界第一制造强国，属于典型的内源为主的创新引领型生态，核心是依托强大的技术和产品创新能力，获得全球价值链治理能力，实现高水平的价值创造能力，形成"内源创新+全球治理+价值创造"的生态格局。虽然美国制造业体系并不完整，在 GDP 中的占比只有11%左右（见图10-2），但却是科技创新的核心载体，有约70%的创新活动直接依托于制造业或间接受到制造业助力。美国凭借强大的创新资源、一流的跨国企业、关键的产业环节和高端的市场需求，在构建、影响、引领制造业生态的主要方面都能够做到以国内为主，对国外资源要素和产业依赖较高的主要是一般领域和低端环节，并不会对国内制造业发展构成核心制约。放在全球来看，美国在技术创新、价值链治理、政策规则制定等方面处在领导者地位，对其他国家的制造业发展有着较大影响。

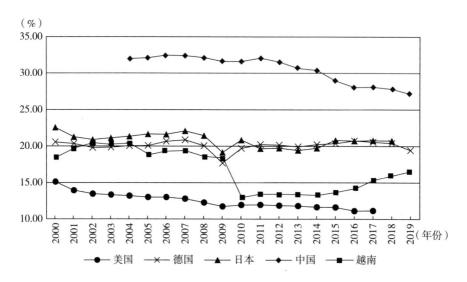

图 10-2　2000~2019 年部分国家制造业在 GDP 中的占比变化比较

资料来源：世界银行。

（二）内外联动的链条协同型生态

日本、德国等是高水平的制造强国，属于内外联动的链条协同型生态，核心是拥有强大的生产制造能力，占据产业链的高精尖环节，包括与之配套的应用型技术开发、高技能人才培养、关键装备及材料生产、产业配套能力建设等，形成"创新转化+高端占位+链条协同"的生态格局。日本、德国等国家制造体系相对完备，制造业在经济中的占比自 2000 年以来一直保持在 20% 左右，并在一些区域和国家进行对外投资，实现产业链国际化拓展延伸。如日本在亚洲等地区的投资企业约 30% 的原料及零部件采购来自日本本土，超过 15% 的采购来自东道国的日资企业（见表 10-1）。放在全球来看，日本、德国等国家是全球制造链条的关键中枢，一端联动美国的原始技术创新，另一端联动发展中国家的加工制造，协同构建起全球制造的大循环、大网络。

表 10-1　2018 年亚洲及大洋洲地区的日资企业原料及零部件
采购来源占比　　　　　　　　　　　　单位：%

原料及零部件	日本母国采购	东道国当地采购		日资企业采购合计
		非日资企业采购	日资企业采购	
总体情况	30.10	46.9	17.87	47.97
精密机械设备	42.80	34	17.75	60.55
电气机械设备	38.40	33.9	14.75	53.15
运输机械设备	30.50	52.9	27.08	57.58
食品	14.00	66.7	9.74	23.74
木材纸浆	16.20	62.3	17.94	34.14

资料来源：日本贸易振兴机构. 亚洲、大洋洲日资企业实况调查（2018 年度调查）[R]. 2018-12-20.

（三）多头在外的分工嵌入型生态

经济快速崛起的发展中国家，多属于多头在外的分工嵌入型生态。主要是通过发挥劳动等一般要素的成本和效率优势，承接国际资本、技术和订单转移，大量进口关键核心零部件和出口终端产品，形成"多头在外+分工嵌入+生产制造"的生态格局。我国在改革开放以来的很长一段时期内都具有分工嵌入型发展特点，近些年，快速发展的越南等东南亚国家也属于这一类型。分工嵌入型生态的核心是在廉价要素成本优势的基础上嵌入国际分工体系，在资本、技术、关键零部件、市场等方面高度依赖国外企业。相比创新引领型和链条协同型生态，分工嵌入型生态具有不完整性、不稳定性和不可持续性，在面临技术摩擦、资本封锁、市场打压的情况下，国内制造业转型升级会面临自身支撑不足的"瓶颈"和产业循环不畅的挑战（见表10-2）。

表 10-2　全球制造业主要生态类型的比较

生态类型	创新引领型生态	链条协同型生态	分工嵌入型生态
生态格局	内源创新+全球治理+价值创造	创新转化+高端占位+链条协同	多头在外+分工嵌入+生产制造
关键构成	强大的创新资源、一流的跨国企业、关键的产业环节、高端的市场需求	高水平的应用型技术开发、高技能人才培养、关键装备及材料生产、产业配套能力建设	劳动等一般要素的成本和效率优势
核心优势	强大的技术和产品创新能力	强大的高精尖制造能力	低成本、高效率的加工组装能力
分工地位	全球制造业生态的主导者、引领者	全球制造链条联动发展的关键中枢	全球制造业分工的嵌入跟随者
代表国家	美国等	日本、德国等	中国、越南等

资料来源：笔者整理得到。

三、影响制造业生态的形势和趋势变化

（一）全球经济由国家间深度分工向各国拓展延链转变，产业体系本土循环发展导向增强

近年来，发达国家重新认识到实体经济的重要性，"再工业化"呼声高涨，纷纷制订计划将制造业的投资和生产重新内迁。中美贸易摩擦和新冠肺炎疫情进一步强化了发达国家推动制造业回流、减少对外依赖的政策趋势，自主发展再次被提上议程。在产业链上输出国推动"产业回归"的同时，产业链上的东道国也在努力提高本土化水平，增加本土制造部分在全球产业链中的长度和宽度，促

使全球产业链向部分国家内部收敛。加之部分产业链分工抵达"天花板"，由跨国公司主导的全球产业链未能显示继续扩张趋势，有些甚至有明显收缩。[①] 综合上述几个方面，出于供应链安全等考虑，全球主要国家都在推动自主重建产业链供应链，产业本土化和区域化倾向有所增强。[②] 以美国最为典型和明显。美国白宫国家经济委员会为激励企业回流，提出允许企业将迁回美国所发生的所有成本在当年进行100%的费用化处理，减少纳税总额，降低企业回流成本。

（二）链条结构由垂直分工为主向垂直水平分工并存转变，对一般传统要素的依赖有所减弱

当前，新一代信息技术与先进制造技术深度融合，推动产品设计、生产、管理、服务等全产业链流程重构，研发与生产、生产与消费的兼容性大幅提升，极大地改变了产业链和价值链的构成与特征。依靠装备智能化、设计数字化、生产自动化、管理现代化、营销服务网格化，[③] 一是有效提升了制造业的生产效率和智能化水平，大大缓解了劳动力高成本和技能人才短缺对发达国家产业发展的硬约束；二是提高了生产制造与市场多样化需求之间的动态匹配程度，增强了产品供给响应需求变化的敏捷度；三是以"短链"为特征的制造新模式加速兴起，特别是随着3D打印等新技术的推广应用，通过柔性化、网络化、个性化生产能够更好地满足细分和差异化的市场需求。例如，美国越野赛车Local Motors公司曾尝试在社区内的微型工厂实现快速小批量的设计和生产。

（三）跨国企业由区域化集中布局向多元化弹性布局转变，组织结构和布局战略深度调整

受新冠肺炎疫情冲击，产业链集中布局的弊端进一步凸显，各国逐渐意识到全球化过程中需要避免各种不可控因素带来的产业链断裂风险，全球产业链呈现多元弹性布局的变化趋势。首先是更小范围内的产业集群和链条协作受到重视。在部分领域，企业开始放弃远距离的全球布局模式，而是就近选择合适的地区，

---

① 江小涓，孟丽君．内循环为主、外循环赋能与更高水平双循环——国际经验与中国实践［J］．管理世界，2021，37（1）：1-19.

② 刘勇．"十四五"时期我国工业发展面临的形势与任务［J］．国家治理，2020（43）：3-10.

③ 中国社会科学院工业经济研究所课题组．以智能制造驱动全球价值链攀升［N］．经济日报，2017-05-05.

在更小范围内建立更加稳定和安全的产业链协作关系,以便更好地对冲各种自然灾害和疫情灾难带来的断链风险。其次是跨国公司更加重视多元化弹性布局。一些易受突发事件影响的全球产业链,如汽车、电子等迁回度高的产业,可能不再沿袭集中布局于某一区域或某一国家的既往路径,转而分散布局在多个国家和地区,从而确保在单一供应链受到冲击时有其他可替代的企业能满足零部件供应需求。其中,东南亚、南亚及欧洲边缘地区替代我国成为国际供应链新选择、纳入全球备链计划的可能增大。

(四)发展动力由获取低要素成本向寻求产业生态转变,创新、资本等生态主导型要素竞争更加激烈

很长一段时期内,发展中国家依赖低成本优势参与国际分工,并且不断强化低成本发展优势,发达国家依赖创新发展引领全球分工,并且不断推进国际产业转移,全球产业链形成了看似紧密联系、实则严重分裂的"低端"和"高端"发展格局。随着新一轮科技革命和产业变革的快速推进以及国际经贸格局的变化,一个国家和地区的产业发展不仅取决于生产制造或研发创新单个环节的发展优势,更取决于是否拥有良好、完整的产业发展生态。这是一项需要全链条全生态协同布局、整体考虑的系统工程,要求改变过去只注重加工制造、生产成本、生产效率的狭隘观念,更加重视整个生态的支撑联系与相互作用。美国的一份研究报告认为,美国的经济发展和其在全球经济中的领导地位得益于一个精心构筑的创新生态系统。[1] 面对新的发展形势,美国等国家正在着力构建有利于重振制造业的产业新生态,这可能给全球产业分工格局带来深刻影响。

四、我国制造业生态存在的问题与挑战

(一)"创新—产业协同"的国际分工关系存在断裂风险,技术引进面临遏制和打压

长期以来,技术引进与合作是弥补我国技术创新短板的重要手段。"市场换

---

① 连远强. 打造产业创新发展的良好生态 [N]. 人民日报,2017-08-09.

技术""拿来主义"在很多行业都普遍存在，并在很大程度上延续至今，技术创新跟随者、模仿者的地位始终没有根本性变化。延续技术引进的路径导致国内产业自主创新能力薄弱，核心技术受制于人的情况较为突出，① 在汽车、电子信息、高端装备、生物医药等高技术领域表现得尤其明显。例如，2018 年，通信设备制造、汽车整车制造、医疗仪器设备及器械制造引进技术经费支出占技术获取和技术改造支出的比例分别为 34.44%、39.51% 和 48.89%（见图 10-3）。随着我国产业发展能级提升、技术实力增强，发达国家对我国技术发展的防范和警惕不断提高，采取了一系列政策措施对我国有望取得技术突破的产业领域实施遏制打压。在这种形势下，我国技术引进和创新合作的空间大幅压减，甚至在部分领域面临全球技术创新"出圈"、企业技术进步"无源"的可能，自主创新发展的形势非常严峻、十分紧迫。

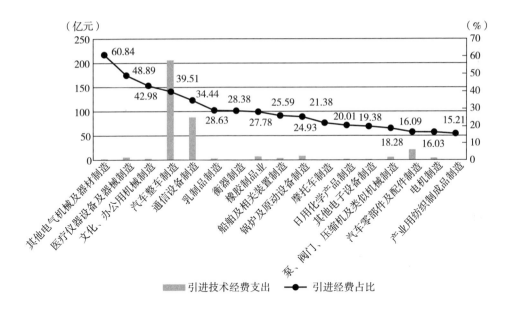

图 10-3　2018 年我国部分制造行业引进技术经费占比情况

资料来源：根据《中国经济普查年鉴 2018》计算而得。

---

① 付保宗，盛朝迅，徐建伟，周劲，任继球. 加快建设实体经济、科技创新、现代金融、人力资源协同发展的产业体系研究［J］. 宏观经济研究，2019（4）：41-52+97.

（二）"生产—消费畅通"的全球供需大循环正在被打破，市场重整带来深刻挑战

扩大国际市场一直是我国制造业发展的重要导向，以此为支撑形成了一批出口导向型产业。在全球经济不振、经贸摩擦加剧、贸易保护盛行的形势下，部分国家针对我国的贸易制裁明显增多，在标准、质量、绿色、安全等方面的非关税壁垒也日趋增加，我国继续扩大出口、占领国际市场的挑战不断加大。目前，在纺织服装、家电电子等领域，由于出口难度增大导致的贸易转移效应已经显现出来，东南亚及南亚国家正在成为贸易转移的受益者。2011～2019年，越南、柬埔寨、土耳其商品出口年均增速分别为15.75%、13.11%和5.56%，均高于我国5.52%的平均增速（见图10-4）。更为严峻的是，部分国内企业长期沿袭国际代工路径，导致其适应需求、引领需求、创造需求的能力存在很大不足，如何围绕消费需求升级、开拓国内市场同样是一个挑战。未来，"中国制造—全球消费"的循环路径面临更多风险和不确定性，构建"中国制造—国内需求—全球市场"的循环路径任重道远。

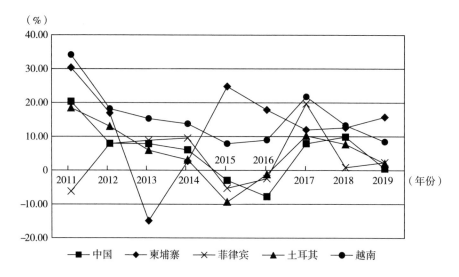

图10-4 2011～2019年我国与部分国家商品出口额增速比较

资料来源：根据世界银行数据计算而得。

（三）产业链自主循环的国内结构体系尚不健全，高端环节和关键环节补"短板"难度大

国际上，主要大国经济体都是以国内大循环为主体。[①] 在以往全球分工格局中，我国产业链条循环存在国外联系路径依赖深、国内联系转换成本高、跨产业融合不够、跨企业协作不强等问题。从企业主体来看，国内企业以加工组装和代工企业居多，主要面向跨国企业和国外品牌运营商开展合作，在重大技术装备、核心零部件、生产性服务等基础领域和关键环节高度依赖国外企业。例如，2017年，仪器仪表行业进口中间投入占总投入的比例达到16.30%，通信设备、计算机和其他电子设备达到27.15%（见图10-5）。产业联系国际化导致国内不同产业间、不同产业环节间缺乏有机衔接，技术、产品和市场联系严重割裂。例如，机械与电子、装备与材料、制造与服务等产业相互支撑和联动发展不够。同时，由于国内缺少真正意义上的产业链"链主"企业和生态主导型企业，导致国内企业在产业链构建和价值链治理上话语权丧失。如何从单一环节扩张转向产业链协同发展，是我国推进产业链再造和产业体系重塑的关键。

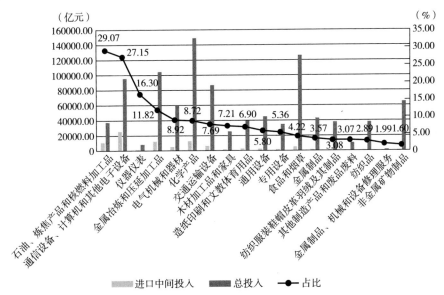

图10-5 2017年我国主要制造业行业进口中间投入占比比较

资料来源：根据国家统计局2017年投入产出表计算而得。

[①] 王昌林. 新发展格局：国内大循环为主体国内国际双循环相互促进 [M]. 北京：中信出版集团，2021.

（四）产业升级与发展支撑体系存在结构性失衡，重塑制造生态存在严重制约

重塑制造业生态之所以难度大、任务艰巨，关键在于全球化条件下一国产业结构会出现系统性的结构失衡，即要素结构与生产结构、生产结构与需求结构、产业结构与政策措施之间都会在发展中出现不协调、不匹配的情况。从要素结构来看，国内要素供给习惯于固守廉价劳动力和低成本资源供给等初级优势，创新人才、高技能人才、创新资本等高端要素供给长期不足，难以支撑高技术产业和创新型产业发展。从需求结构来看，国内生产向着吻合不断扩大的国际需求结构的方向强化，满足国内高品质、高档次需求升级的生产供给则"短板"突出，①不仅长期依赖国外进口，反过来又制约了国内自主创新产品的推广应用。从政策措施来看，国内政策设计擅长于沿袭先行国家发展路径的追赶型产业政策，对于适应新技术、新产业、新业态发展的创新型产业政策还在探索完善中。

五、优化制造业生态的主要策略

从发展历程来看，我国制造业与多数新兴发展中国家一致，具有多头对外依赖、分工嵌入型生态的特征。但是，从结构体系来看，我国与日本、德国等国家相似，具备做强做优制造体系、构建链条协同型生态的基础；从国际合作来看，我国面临技术封锁和打压的可能加大，具有提高自主创新能力、构建创新引领型生态的需要。基于产业基础条件、大国经济实际和全球经贸形势变化，我国经济发展已经进入新阶段，建设制造强国需要优化产业生态支撑，需要建设不同于其他国家、能够支撑高质量发展的复合型制造业发展生态。

（一）打通产业链断点堵点薄弱点，重塑产业竞争新优势

传统优势产业是我国制造业的基本盘，要围绕产业锻长板、补"短板"，优化发展支撑体系、重塑竞争优势、挖掘增长空间。一是推动关键共性技术平台建设。顺应制造业智能化、绿色化发展趋势，结合不同产业领域，分类推动智能化改造、绿色化转型、工业大数据等公共平台建设，构建不同层次的智能化制造系

---

① 徐建伟. 当前我国产业结构升级的外部影响及对策［J］. 经济纵横，2014（6）：56-62.

统，全面推广绿色制造工艺和装备，重塑制造业转型发展新模式。聚焦产业发展的痛点、堵点和难点，整合产业链资源，创新机制模式，推进重大关键共性技术研发平台建设，更好支撑产业迈向中高端、提高核心竞争力。二是提高面向市场需求的产品开发和增值服务能力。特别是要抓住国内市场崛起和需求升级契机，提高适应需求、引领需求、创造需求的产品开发与创新能力，加大力度培育自主品牌，把产品研发设计和增值服务两端做起来，摆脱对跨国企业的跟随和模仿路径。三是提高产业间的耦合协作能力。发挥产业链龙头企业和产业集群的引领带动作用，提高装备、电子、信息、材料等不同产业间的配套协作水平，提升整机与零部件、装备与系统软件、制造与增值服务的融合发展水平，释放现代产业体系的内生耦合和畅通循环效应。

（二）推动创新链产业链深度融合，再造创新发展新路径

相比垂直分工格局固化的传统产业领域，我国在一些重大和新兴前沿领域与主要国家发展有先后但差距不大、技术有高低但处于同一水平，在部分领域甚至已经形成先发优势。根据国家制造强国建设战略咨询委员会的研究，我国已在通信设备、轨道交通装备、电力装备等产业核心技术上取得突破，正在成为技术创新的引导者，航天装备、海工及高技术船舶、新能源汽车、机器人等产业技术进步较快，有望进入世界领先水平。[①] 因此，要抓住技术创新和需求升级的发展窗口，立足国内强大的产业支撑和庞大的市场需求，在重大、新兴和前沿领域提前布局、系统谋划，摆脱传统产业跟进式、引进式、追赶式的既往发展路径，加快构建自主创新发展的新路径。一是加大对创新要素培育、重大科技设施建设、新型研究机构发展的支持力度，争取在一些领域率先取得创新突破，多做创新引领者，实现率先抢位发展。二是优化创新资源配置，健全协同创新与联合攻关机制，推进跨领域和全链条创新能力建设。三是开拓升级国内消费市场，加快新技术新产品推广应用，不断壮大消费新增长点，把内需市场优势切实转化为技术创新和产业发展优势。

（三）培育链主和生态主导型企业，搭建产业协作新架构

理顺企业分工协作关系，加快国内产业自主建链进程，提高产业畅通融合发

---

① 国家制造强国建设战略咨询委员会，中国工程院战略咨询中心．中国制造业重点领域技术创新绿皮书——技术路线图（2019）［M］．北京：电子工业出版社，2020．

展水平，进一步增强产业体系的协调性、坚韧性和开放性。一是积极培育产业链链主企业和生态主导型企业，提高国内产业体系的分工协作水平。立足不同区域、不同企业的发展水平和基础条件，推动具备条件的制造企业转型升级、迈向中高端，着力培育一批产业链链主企业和生态主导型企业，逐步弥合割裂的产业间和企业间联系，构建起更具话语权和主导权的本土价值链，增强产业链发展合力和整体竞争力。二是提高企业全球治理能力，在更大范围内整合利用国外资源要素和市场，推进国内产业链协作关系国际化拓展延伸。引导链主和优势企业，加强与日韩、欧盟、俄罗斯等国家和地区的创新合作，深化与 RCEP 成员国等的产业协作，推进与"一带一路"沿线国家和地区的市场合作。支持具备技术、产品、产能和市场优势的国内链主企业"走出去"，以 RCEP 成员国、俄罗斯、中亚、东欧等国家和地区为重点，加快构建国内企业主导的国际产业链，提高国内企业的价值链治理能级和国际分工位势，逐步向更高水平的全球产业链跃升。

（四）建立产业—要素协同发展机制，夯实要素禀赋新支撑

产业竞争归根结底是要素支撑体系的竞争。当前，支撑我国产业发展的劳动力、土地、资源、环境等要素红利殆尽，在数量、规模、成本等优势逐步消退的同时，我国亟待改善劳动技能、人力资本、科技创新、现代金融等赋存条件，构建产业转型升级与创新发展的新支撑、新优势。对我国来说，最关键的是跳出产业发展与要素禀赋结构性偏离的"怪圈"，构建起要素禀赋与产业结构升级相协调的发展机制。一是夯实提升技术技能人才优势。适应新技术推广应用需要，加强教育和产业统筹融合发展，支持引导高校与企业深化产教融合，研究建设一批专门培养技术人才的应用型大学，完善面向高水平技术技能人才的教育和培训体系，培养造就高素质的工匠人才队伍。二是有重点分层次地提高自主创新能力。加快重构有利于技术创新发展的组织模式，推动源头性基础研究和市场化应用研究深度契合，打通基础研究、技术开发、工程应用和产业化各环节，优化跨领域协同创新机制，形成互融共生、分工合作的创新格局。三是优化金融资本结构和配置效率。在稳步推进国有银行体系改革的同时，加快发展以资本市场为代表的非银行金融机构，构建市场化、国际化的现代金融体系，特别是要加快发展适应传统制造业转型升级的中长期贷款和支撑新兴产业发展的创新资本。

（五）增强政策协调性、系统性、创新性，优化政策引导新环境

产业政策是制造业生态中可塑性最强的部分，当前存在的问题和面临的挑战

较多，需要加快政策调整和创新步伐。一是加强选择性政策与功能性政策协同。随着产业发展阶段变化，需要推动产业政策从直接干预市场向引导补齐市场转变，针对特定企业、特定技术、特定产品的选择性政策作用空间进一步减少，①围绕创新、技术、质量、品牌、环保等方面的功能性政策需要进一步增强。二是统筹节点靶向施策与链条协同政策。针对产业联系零散、断链、割裂等问题，在聚焦重大装备、关键材料、核心技术等"卡脖子"和"短板"领域重点施策的同时，围绕上下游衔接、前后侧配套、全周期协作等链条畅通工作，推动机械与电子、装备与材料、整机与部件、制造与服务等领域一体融合发展。三是加强产业政策与关联政策协同。针对各领域垂直管理、各部门职责交叉等问题，加强顶层设计和系统施策，统筹推进产业政策与创新政策、投资政策、消费政策、教育政策、贸易政策、关税政策等的协同制定和有效衔接，提高政策的互补性和系统性，形成推动产业转型升级、应对风险挑战的政策合力。

---

① 江飞涛，李晓萍．应加快选择性产业政策向功能性产业政策转型［J］．中国经济报告，2016（12）：75-77.

第十一章 增强产业链自主
可控能力研究

在当前外部形势冲击下，我国制造业产业链不稳不优不强的问题越加突出，核心部件材料断供、关键环节"卡脖子"等状况频发，增强产业链供应链自主可控能力更显重要，提升产业链现代化水平形势严峻，甚为紧迫。要尽快扭转产业链高度外联、自我循环支撑能力不足的困境，需要深化国内不同产业和领域环节间的技术、产品与市场联系，推进建链、积极复链、加快拓链，进一步优化本土产业协作关系，为提高产业链现代化水平打好基础、锻好架构。

一、我国产业链运行的内外形势变化

（一）外部关联震荡化

由于深度融入全球分工体系，部分国内企业与国外零部件供应商、品牌运营商、终端零售商等合作紧密，内生自主的产业关联被打破。从供给端来看，大量企业在重大生产装备、核心零部件、关键材料等方面依赖进口，"卡脖子"问题突出。2020年，我国集成电路进口额高达3500亿美元，芯片进口受阻给产业发展带来冲击。从需求端来看，一些企业在产品开发、市场订单、售后服务等方面处于被动地位，习惯于"前店后厂""外店内厂"的接单代工式生产。随着全球经贸摩擦加剧，来自外部的零部件断供、技术合作破裂、出口市场打压等震荡风险加大，给国内企业维护产业链供应链畅通、保障生产稳定运行带来巨大挑战。

（二）国内协作割裂化

国际化的产业协作很大程度上替代了本土产业协作，导致国内不同产业和环节间互不衔接、支撑断裂，"有产业无关联""有企业无协作"的现象比较突出。一是产业链上下游合作断裂，国内企业对国外零部件和材料供应商高度依赖，本土零部件和材料企业想要替代国外供应商、嵌入本土产业链难度很大。二是产业间支撑协作被打破，企业在技术装备、软件系统、关联服务等方面倾向于选择高端优质的国外供给，自主创新产品推广应用的市场机会稀缺。由于产业协作断裂、"孤岛"效应突出，导致本土企业在产品供需互动、技术合作开发、新品推广应用等方面存在明显不足，推进国内自主建链的任务重、成本高、难度大。

（三）企业竞争同质化

链主型企业、基底型企业和生态主导型企业是构建产业链的关键中枢。由于跨国企业成为我国产业链的重要构建者和治理者，国内缺少能够主导产业链构建的链主型企业，导致产业链话语权缺失。国内发展优势锁定在加工组装环节，大量的企业技术水平相近、市场定位趋同、产品同质竞争。由于部分产业发展路径"短平快"，在引进国外技术和进口零部件的基础上发展起来，企业集中在显示度高的下游组装和终端领域，支撑产业发展的重大装备、关键材料、共性技术等积淀薄弱，基底型企业不稳不强的问题非常突出。近年来，国内一些平台型企业快速成长，在构建产业新生态上起到了积极作用，但在资源整合、业态模式等方面还处在探索之中，存在互相模仿、重复建设的问题。

（四）自建链群闭环化

出于做大经济总量、做强产业链条等考虑，一些地方和企业链群封闭化发展倾向增加。一是部分地区不顾自身发展条件，竞相提出自建世界级先进制造业集群，全周期布局研发创新、加工制造、增值服务等产业链上下游环节，甚至打造从科技创新到转移转化再到推广应用的全过程。例如，各地重复布局高端芯片项目以及全链条布局电动汽车、氢能源、数字经济等新兴领域的现象非常普遍。二是越来越多的企业推进建设自我主导的产业生态圈，如众多家电龙头企业提出建设全场景智能家居解决方案，这些方案很大程度上是可以共享或兼容的。链群封闭发展可能导致产业重复建设、资源过度竞争、市场碎片化等问题，最终不利于链群协作体系和良好竞争生态的构建。

(五) 内生建链重构化

在国际分工合作体系下,全球高端优质的研发设计、技术装备、核心零部件、专业服务等产业资源在我国汇聚集合,叠加国内强大的劳动技能和产业配套能力,形成了强大的生产效率优势和加工制造能力。在应对外部封锁打压、推进国内自主建链的过程中,由于自主创新产品的性能提升和产品迭代需要一个过程,采用备链方案或国内替代产品,短期内可能会造成一定的产品效率损失和质量下降。对部分领域来说,短期的竞争力下降是链条重构期的必然过程,也是迈向更高水平国际竞争的涅槃之路。但在我国制造业竞争力下降的同时,可能面临着新的全球制造基地崛起,由此带来的产业冲击和市场替代不容忽视。

二、当前产业链供应链存在的薄弱点

(一) 上游断供导致生产运行成本高

我国在重大技术装备、关键材料、核心零部件、高端软件等中间投入品上依赖进口,一些高度国际化的支柱产业,如电子信息、汽车、高端装备等,断供风险大、"卡脖子"隐患突出。从重要产品和技术来看,2020年我国生物技术、航空航天技术、计算机集成制造技术、电子技术进口额与出口额之比分别达到362.1%、298.1%、285.8%、216.5%,纺织原料、集成电路、医药材及药品进口额与出口额之比分别达到323.8%、300.5%、161.8%,其中,汽车芯片进口占比超过95%。目前,上游断供已经导致国内企业采购周期延长、成本升高、产品开发受阻、生产经营停滞等问题,给产业链稳定运行造成巨大冲击。如华为受芯片短缺等因素影响,2021年上半年手机出货量同比下降超过60%(见表11-1)。

表11-1　2020年我国部分产品及技术进出口情况

产品、技术	出口额（亿元）	进口额（亿元）	进口额/出口额（%）
汽车（包括底盘）	1089.5	3241.8	297.6
生物技术	82.7	299.4	362.1

续表

产品、技术	出口额（亿元）	进口额（亿元）	进口额/出口额（%）
纺织原料	155.8	504.5	323.8
集成电路	8056.3	24207.3	300.5
航空航天技术	447.3	1333.5	298.1
计算机集成制造技术	1371.9	3920.6	285.8
电子技术	12708.6	27519.5	216.5
电子元件	14363.6	28084.4	195.5
医药材及药品	1593.9	2579.5	161.8
计量检测分析自控仪器及器具	1744.2	2795.4	160.3
存储部件	1200.2	1775.6	148.0
光电技术	1857.8	2292.5	123.4
钟表及其零件	251.2	308.1	122.7
基本有机化学品	2720.7	2983.3	109.7
纸浆、纸及其制品	1456.0	1592.1	109.3
生命科学技术	2845.9	2944.6	103.5
机床	442.5	457.7	103.4
车用发动机	119.9	123.7	103.2

资料来源：海关总署官方网站。

（二）技术打压导致创新升级风险大

总体来看，我国在科技创新方面的实质性突破仍然局限在部分行业和领域，大量的基础共性技术、关键核心技术和未来前沿技术仍然积累不足、差距明显。我国三方专利数量仅有日本的1/4~1/3，在技术方向覆盖面、领域均衡性上相比日本、美国、德国仍有较大差距。国产传感器可靠性指标比国外同类产品低1~2个数量级；国内高端数控系统在功能上与国外先进水平差距不大，但在技术成熟度上差距明显；我国T1000超高强度碳纤维的抗拉强度和弹性模量指标相比日本产品还有约10个百分点的差距。在此情况下，发达国家和跨国企业对技术输出、创新合作、科技交流等实施严格限制，将导致我国企业创新合作难度增大、技术开发成本增加、发展不确定性加大。

（三）市场封锁导致能级提升阻碍多

我国制造业面向广阔的出口市场形成了强大的生产制造能力和显著的规模经济效益。当前，部分国家以贸易保护为由对我国出口产品进行打压，导致国内优势产能难以释放、需求订单频繁波动。2020 年，美国占我国商品出口总额的17.4%，在家电等领域超过 20%，笔记本电脑、手机等单项产品的出口额都超过300 亿美元，双边市场震荡的影响不容忽视。2020 年，我国传统优势产品服装衣着、鞋靴、帽类、箱包等出口额同比下降 6.0%、20.9%、13.1%、23.9%。国外高端市场封锁还会导致创新型企业先占优势丧失、获益空间减少。例如，美国将华为、中芯国际、大疆科技、海康威视等 300 多家中国企业和机构列入实体清单，对企业推广新技术、新产品和扩大市场形成制约。

（四）生态闭环导致自主发展难度增大

一些国家对我国的打压和封锁没有停留在产品供需上的"硬割裂"，还谋求在产业发展生态上闭合循环，对我国实施"软出局"。例如，利用发达国家在国际组织中的话语权和影响力，改变全球贸易和技术规则中的法规、标准等，限制中国企业参与国际合作或是排除在相关组织和联盟之外。随着欧盟工业 5.0 等理念的提出，发达国家可能会在绿色低碳、劳工保护、知识产权、国有企业、市场采购等方面构筑更多壁垒，从而抬高我国企业参与全球合作的成本甚至剥夺企业国际化发展的机会。基于此种情况，要实现国内自主发展与国际合作发展的有效衔接和高效转换难度不小、挑战很大。

三、构建强大产业链供应链的关键点

（一）把握分工合作中的内外平衡关系

产业是全球高度分工的，当前发展形势又促使各国增强自主发展倾向。出于经济安全和稳定发展的考虑，要坚持"内向发力"，稳步推进"卡脖子"隐患突出的重大技术装备、关键材料、核心零部件等领域攻坚突破，不断增强产业链供应链自主可控的能力和底气。出于国际合作和扩大市场的考虑，要坚持"外向拓展"，着力推进产业链供应链国际合作稳固化、多元化、弹性化，尤其要加强与欧盟、日韩、东盟国家的全面合作，织密织牢国际分工协作网络。

（二）调和体系优化中的新旧接续关系

领域齐备、门类齐全的产业体系是稳定产业链供应链的强大依靠。一方面要稳定基石，高度重视传统优势产业、基础产业对产业体系稳定高效运行的支撑作用。通过稳定传统和基础产业发展优势，把深耕制造、做强实业的资源要素和文化精神传承下来。另一方面要做大增量，加强对战略新兴和未来前沿产业的系统性谋划和链条式布局，防止在新的领域再走传统发展路径，形成又一轮的发展短板和瓶颈，争取做到与世界先进水平同步甚至领先。

（三）优化链条建设中的整零畅通关系

整零关系是产业链供应链运行的核心。强大的产业链供应链首先要有"整"的纲领，只有培育形成一批强大的产业链链主型企业和终端集成型产品，才能把产业链条的架构搭建起来，构建起现代产业体系的"梁柱"。同时，还要有"零"的支撑，只有形成一批专精特新的配套型企业和零部件原材料产品，才能把产业链条贯通起来，使现代产业体系"血肉鲜活"。

（四）强实协同联动中的要素支撑关系

产业是竞争的外在，要素是竞争的内核。强大的产业链供应链必须以强大的要素支撑体系为保障。加快构建与制造业高质量发展相适应的科技创新体系、金融服务体系、人力资本体系是现代产业体系建设的一项重要任务，否则产业链供应链稳定和高效运行就成为"无本之木""无源之水"。在各支撑要素均衡发展的同时，要进一步增强相互间的联动与协同，密切产业、科技、资本、人力等要素的联系，形成互相促进、互为支撑的良性循环格局。

四、增强产业链自主可控能力的路径与措施

（一）聚焦前端补链，更多依靠自主发展突破"卡脖子"环节

一是突破"技术关"，聚焦芯片、轴承、传感器、发动机、电子元器件、高

性能材料、工业软件等"卡脖子"环节，协同发挥政府部门和市场力量的双重作用，鼓励创新技术路径和工艺模式，尽快在市场需求迫切、供给风险大的领域缩小与发达国家的技术差距。二是突破"品质关"，推广应用先进质量管理方法和技术，加快质量安全标准与国际标准接轨，不断提高产品的一致性、稳定性、安全性和耐久性，在解决"有和无"的基础上更好地解决"好和差"的问题。三是突破"市场关"，更大力度支持"卡脖子"产品示范应用，通过应用加快技术完善和产品成熟，积极创造产品市场化推广应用的良好条件和健康生态。

（二）聚焦后端延链，更多面向内需市场提高响应服务能力

一是做强市场需求端，适应市场多元化需求，推进国际消费中心城市建设，大力培育大型零售商、代理商和知名品牌商，积极发展电子商务等新型商贸主体，提高市场地位和品牌效应，提升服务市场、联动生产的能力和供需衔接水平。二是积极发展面向需求的服务业，发展提升产品设计、用户体验、个性定制等服务业，通过客户体验中心、在线设计中心和大数据挖掘等方式，增强定制设计和柔性制造能力，提高生产制造与市场需求的协同水平。三是推动内外需求贯通衔接，加快部分产品内外需"同线同标同质"转型，从源头上提升内销产品质量，帮助外贸企业解决内销标准衔接问题，打通国内国际两个市场。

（三）聚焦能级提升，更多培育链主企业提升产业分工位势

一是培育龙头链主企业。推动建链基础条件好的制造龙头企业，进一步增强创新优势和发展能级，引领带动本土企业贯通产业链供应链，把国内企业互相协作、支撑融合的发展架构搭建起来。二是培育关键基础企业。更大力度支持共性技术平台、基础科学和前沿科学机构创新发展，引导基础部件、基础材料、基础装备、基础软件企业向专精特新发展，夯实产业链基础根基、缓解"卡脖子"瓶颈约束。三是培育平台支撑企业。发挥平台企业的要素聚合、资源交换和优化配置作用，提高产业链上下游、前后侧、内外围的耦合发展水平。

（四）立足动能再造，更好畅通创新链条增强转型发展内力

一是厚植基础科学优势。加强基础科研机构和科学基础设施建设，创新基础研究组织模式和实施机制，培育引进高端、战略和创新人才，不断提升原始创新和源头供给能力，重点推进北京、上海、粤港澳大湾区等世界级科技创新中心建

设。二是突破关键共性技术。加强各级各类研发创新平台的统筹协调与整合优化，充分发挥科研机构、企业、新型研发机构等主体作用，有重点、有次序、多路径地突破一批关键共性技术。三是推进应用技术开发。充分发挥市场对研发方向、技术路线等各类创新要素的导向作用，推进应用型技术研发机构市场化、企业化改革，加强面向中小微企业和产业集群的技术创新服务，培养壮大全球最优的新型技能人才队伍。

（五）立足开放合作，更好优化内外布局释放耦合发展效应

一是强化本土产业链协作关系。推动关联产业深度融合发展，加强装备与材料、机械与电子、整机与部件等产业在技术、产品和市场上的协作联动，提高先进制造业与现代服务业协同发展水平，形成制造衍生服务、服务支撑制造的良性循环。二是优化国内产业梯度布局。加快建设以东部地区为龙头的世界级先进制造业集群，集中资源和力量在中西部和东北地区重点培育一批承接产业转移的核心增长极，增强国内产业体系的协调性、坚韧性和回旋空间。三是拓密织牢国际协作网络。积极应对发达国家自主建链和新兴发展中国家加快工业化进程的变化趋势，推动优势产业嵌入东道国产业链建设，乘势把产业链长板"做长"；加强在研发创新、技术开发、市场推广等领域的深度合作，借力把产业链短板"补齐"。

后 记

2018 年 8 月的一天，我们课题组一行在南海之滨的海南省东方市调研。到达一个企业时已经天黑，夜空的黑幕下一组光彩闪耀的大型建筑矗立在我们面前，看起来像是成千上万根灯管搭建而成的巨大魔方，又似一束束光线在管道中折射穿行，景象绮丽，蔚为壮观。当地的同志告诉我们这不是后现代的景点，而是一家大型化工企业。这是我第一次在黑夜中看到一家化工企业呈现出如此独特的美景，与我脑海中既往的印象截然不同。在各地调研时，与此类似的惊喜常常出现，它们让我看到一个异于常识或超出认知的制造业。

或许制造业就是这样耳熟能详，又复杂多样，以至于工业革命 200 多年来，制造业发展一直备受各国政府和经济学家的重视。就我个人而言，进入国家发展改革委产业所工作已经十个年头，我始终围绕制造业发展这条主线开展各项工作，以期通过时间和能力的积累在这一领域有所贡献。十年间，我走过东南西北不同地区，访过不同行业领域的各类企业，这形成我研究制造业的宝贵素材和难得经历。我力求在研究中做到客观和理性，但脑海中又总会浮现不同的景象和身影，一点一滴地改变着我对制造业的认识，孕育着我尚未成形的制造业发展观。在钢铁厂的轧钢车间，生产线上热气逼人，在慨叹一线技术工人艰辛劳作的同时，引发了我关于自动化、智能化生产的深入思考。在深处戈壁大漠的热电厂，我与来自山东的同乡聊起离家千里的思乡之情，他们在风沙中建起座座现代化电厂的壮举让我钦佩。在边远的民族山区，我翻山越岭来到当地架桥通路建立起来的工业园区，在大雨中聆听建设者对于制造业发展的憧憬，他们的这份执着和希望让我感动。在创新创业基地里，我倾听年轻创业者满怀信心地讲述心目中的技术、产品和市场，他们如同孕育生命一样经营企业，我被他们的激情所感染。

可以说，制造业发展是一幅绚丽多彩的版图，也是个宏大而深邃、复杂而实际的研究命题。制造业既是国家大事，也是民生要事，呈现在我们面前的不只是钢铁、乙烯、纺织品、汽车、工程机械、芯片、笔记本电脑等一件件产品，也不只是资产、产值、税收、出口额等一个个指标，还是关系国家竞争力的拳头产品、关系共同富裕的动力引擎、关系创新梦想的拼搏奋斗、关系安身立命的就业岗位。人类工业化和现代化进程绕不开制造业，也正是因为它承载着文明、蕴含着力量、寄托着情怀、萦绕着梦想。

研究制造业重要而艰巨，所幸有产业所以及宏观院各位领导和同事的指导帮助，使我有机会、有信心在制造业研究这条路上一直走下去。工业室的各位老师和同事对我不吝支持和帮助，既有研究思路和观点上的启迪，也有文辞章法的指导，使我的研究始终能够更进一步。我的授业恩师要求我探索形成自己的研究理论和方法，我也一直向着这个方向努力，这或许正是指引我前行的爱尔克灯光。我在研究中还得到了诸多前辈、师长和朋友的大力支持，一并表示感谢！

感谢经济管理出版社的编辑老师对书稿的认真审阅，幸有编辑老师的辛苦付出，这本著作才能以更好的面貌呈现在读者面前。

在书写后记的此刻，我将满 4 岁的女儿已经熟睡。看到她恬静的小脸蛋，我心中的幸福感油然而生。书稿的很多内容都是我在她的睡梦中完成的，谢谢小家伙给我足够的科研时间。感谢我的妻子和家人对我工作的支持，生活中既有离别之苦，也有不周之处，家人始终给予我理解和包容。

徐建伟

2022 年 3 月 16 日

于北京